纪念列宁诞辰
150周年

列宁
ЛЕ́НИН

师永刚　詹涓　编著

1 8 7 0 — 1 9 2 4

生活・讀書・新知 三联书店

Copyright © 2021 by SDX Joint Publishing Company.
All Rights Reserved.
本作品版权由生活·读书·新知三联书店所有。
未经许可,不得翻印。

图书在版编目(CIP)数据

列宁:1870—1924 / 师永刚,詹涓编著. —北京:
生活·读书·新知三联书店,2021.6
ISBN 978 – 7 – 108 – 06827 – 9

Ⅰ.①列… Ⅱ.①师…②詹… Ⅲ.①列宁(Lenin,
Vladimir Ilich 1870-1924)–生平事迹 Ⅳ.① A731

中国版本图书馆 CIP 数据核字(2020)第 063061 号

责任编辑	叶 彤
装帧设计	杨林青工作室
责任印制	徐 方
出版发行	生活·讀書·新知 三联书店
	(北京市东城区美术馆东街22号 100010)
网 址	www.sdxjpc.com
经 销	新华书店
印 刷	天津图文方嘉印刷有限公司
版 次	2021 年 6 月北京第 1 版
	2021 年 6 月北京第 1 次印刷
开 本	710 毫米 × 1000 毫米 1/16 印张 21
字 数	120 千字 图 162 幅
印 数	00,001 – 10,000 册
定 价	88.00 元

(印装查询:01064002715;邮购查询:01084010542)

忘记过去，就意味着背叛

目录

第一章
他如何开始？

"列宁"是一个化名 ········· 10
列宁的血统象征了俄罗斯这个庞大帝国的历史 ········· 12
"长大后，他要么会特别聪明，要么就特别蠢。" ········· 15
哥哥亚历山大因密谋刺杀沙皇被处绞刑 ········· 20
《怎么办？》 ········· 23
在圣彼得堡：为什么列宁会对革命斗争表现出如此的热诚？ ········· 31
列宁在瑞士的短暂革命之旅 ········· 35
三十岁的"老头子"列宁在流放西伯利亚时结婚了 ········· 38
严格来说，他还没有成为列宁 ········· 46

第二章
《怎么办？》

《火星报》、列宁的党纲、游历欧洲 ········· 56
党内矛盾："布尔什维克"和"孟什维克"的竞争 ········· 60
普列汉诺夫与列宁的关系，经历了起起伏伏 ········· 63
日本打败俄国，"流血星期日"的发生，使列宁在党内成为绝对领袖 ········· 72
列宁下棋输了，会像孩子般掀翻棋盘 ········· 76
列宁在巴黎失去支持 ········· 79
在感情生活中，列宁又得到了一次机会 ········· 83
这个，恐怕就是我的命运：一场战役接着又一场 ········· 87

第三章   "他就像一头蛮牛一样冲锋陷阵" ……… 100
国家与革命   从斯德哥尔摩购回的油漆匠佩戴的帽子成了革命的象征：列宁帽 ……… 107

第四章   列宁在想象并制造一个全新的国家，尽管这是一个陌生的婴儿 ……… 120
苏联的诞生   对于反对自己的声音，列宁永远不留情面 ……… 130
    克里姆林宫的新主人 ……… 137
    革命者决定处决整个沙皇家族 ……… 141
    刺杀列宁事件 ……… 147
    无产阶级专政的发明者 ……… 163
    苏俄的内战 ……… 180
    "革命之神"的50岁生日 ……… 208
    败局与求和 ……… 220
    伊涅萨去世 ……… 240
    社会主义试验 ……… 246

第五章   病中治国 ……… 268
再见列宁   《弗拉基米尔·伊里奇生命的最后六个月》……… 286
    世界上首位被保存起来的社会主义国家元首的遗体 ……… 307

> 我们不需要死记硬背,我们需要用基本的知识来发展和增进每个学习者的思考力。

Ле́нин

第一章

列宁 Ле́нин (1870—1924)

他如何开始？

10	"列宁"是一个化名
12	列宁的血统象征了俄罗斯这个庞大帝国的历史
15	"长大后，他要么会特别聪明，要么就特别蠢。"
20	哥哥亚历山大因密谋刺杀沙皇被处绞刑
23	《怎么办？》
31	在圣彼得堡：为什么列宁会对革命斗争表现出如此的热诚？
35	列宁在瑞士的短暂革命之旅
38	三十岁的"老头子"列宁在流放西伯利亚时结婚了
46	严格来说，他还没有成为列宁

▎"列宁"是一个化名

在俄罗斯社会民主运动的阵营中,列宁在一开始时并未被视为绝对领袖。在19世纪末,他还未年满30时,只不过是众多先驱者中的一位。朱利叶斯·马尔托夫(Julius Martov)在1895年到1903年间,曾与列宁在圣彼得堡和西欧密切合作,他回忆说,当时的列宁其实与后来被呈现的那个最高领袖之间大相径庭。在马尔托夫看来,列宁并无太多自信,也没有展现出卓越的政治领导家风范,但马尔托夫说:"我从未见到他流露过对虚荣的贪慕。"

他原名弗拉基米尔·伊里奇·乌里扬诺夫(Vladimir Ilich Ulyanov),其化名"列宁"或许来源于西伯利亚的勒拿(Lena)河。他在1893年底撰文时,首次使用了签名"V.U.";一年后,他署名"K.Tulin",这个姓来源自图拉(Tula)镇。1898年,在给一本由帕武斯(Parvus,原名亚历山大·海普汉)所著的关于世界市场的著作撰写书评时,他使用了"Vl. Ilyin"这个笔名。1900年8月,在一封私人信件里,他签名为"Petrov",这个名字他沿用至1901年1月。此后,在给普列汉诺夫的信里,他初次使用"Lenin"这个化名。之后的一段时间里,他对这个新化名似乎并不习惯，1901年的部分时间里，他还曾化名"Frei"，而在1902年时，"Jacob Richter"出现的次数也不少。但从1902年6月开始，他看来是终于坚定地选择了"Lenin"这个日后为世人所熟知的名字。

已经很难去想象一个年轻时的列宁。我们都很熟悉他小时候胖墩墩的样子，对于高中时期他那双闪烁着智慧的眼睛同样印象深刻，但列宁好像是从青春期直接迈入成熟期的。亚历山大·列索夫结识列宁时，列宁刚刚25岁。他回忆说："除非看身份证，否则根本看不出来他是那么年轻。光看外表，你会觉得他有40岁，起码也是35岁。他皮肤苍白，几乎完全谢顶，只在脑袋两侧残留着几丛头发。他留着红胡子，观察人的样子非常狡猾，而且声音跟老人一般嘶哑……看到这一切，你就不难理解为什么在圣彼得堡工人阶级解放斗争协会里，别人都称他为'老头子'了。"

▌列宁的血统象征了
俄罗斯这个庞大帝国的历史

1870年4月22日，列宁出生于辛比尔斯克（Simbirsk，俄罗斯西部城市，现名乌里扬诺夫斯克）。这是个伏尔加河流域的小镇，1897年底，这里有43000名居民，其中8.8%的人是贵族，0.8%是神职人员，3.2%的是商人，57.5%的是普通市民或中产阶级，11%的是农民，17%的是军人，剩下的1.7%则没有归类。当地有两所高中，一所为男子高中，一所为女子高中。还有一所士官学校，一所宗教学校，建有一家公共图书馆。镇上有伏特加酒厂、酒窖、啤酒厂、制蜡烛工厂和磨坊各一家，是一座典型的俄罗斯外省小镇，静谧、安详，生活节奏不疾不徐。

苏联成立后，小镇经历了翻天覆地的变化。当地历史学者Z.Mindubaev在著作中记载，这座建于1648年的古老城镇被转变成"列宁主义神殿"，古老的教堂和修道院被夷为平地，连列宁受洗的教堂亦被推倒，普希金在19世纪曾住过的一所房屋也未能幸免。教堂为列宁纪念碑让路，街道纷纷以伟人名命名，改唤马克思、恩格斯、李卜克内西、罗莎·卢森堡、普列汉诺夫、倍倍尔。著名的波克洛夫斯基修道院公墓被推平，只有一座坟墓留了下来——那是列宁父亲的墓穴，但上面的十字架也被取下。

列宁的母亲玛丽亚·亚历山德罗夫娜是亚历山大·布兰克的第四个女儿,他的父亲来自日托米尔,是位医生,受洗犹太人。当局语焉不详,但亚历山大·布兰克的父亲,即列宁的曾外祖父是一名犹太商人,来自乌克兰西部的沃伦,他的妻子是瑞典人。亚历山大的原名叫Srul,显然是犹太名;在受洗后,他抛弃了原名,改为"亚历山大"这个基督教中常用的名字,此后平步青云。在圣彼得堡,他娶了德国富商之女安娜·格罗斯肖夫。他在俄罗斯内陆的很多城市行医,当过地区医师、警署医生和医院医生,最后在西西伯利亚的车里雅宾斯克行省的一家军工厂里,取得了医院医务总监的职务。1847年他在喀山退休时,已是一名贵族。他在喀山买了幢大宅子,与妻子安娜共同养育他们的五个女儿。安娜一直没有抛弃她的路德教信仰,也一直没学会说流利的俄语。

亚历山大·布兰克为人固执,他坚信水疗为万灵疗法,还出了本书,强调"水进出"人体,可保人人健康无虞。他还让自己的女儿们夜夜睡在湿淋淋的床单上,她们的眼泪也无法软化他的决定。这该死的水疗法,令几个女孩儿恨不得一夜长大,逃离父亲疯狂的人体实验。

安娜早逝,死后她的妹妹叶卡捷琳娜来喀山照料孩子。她受过很好的教育,也正是从亲爱的姨妈那儿,列宁的母亲玛丽亚学会了弹钢琴、唱歌,并且能说流利的德语、英语和法语。孩子们的舅舅卡尔也是大宅的常客,他是政府外贸部门的高官,性格活跃,能说会道。他们造访时,大宅院每每就会成为音乐的海洋。

苏联曾称列宁母亲一系的政治身份是"无产阶级",但显然并非如此。玛丽亚来自一个典型的小业主之家,而且身上有着很强的德国文化传统。列宁也从未掩饰过自己的"小业主"出身,1891年4月,他曾替母亲在辛比尔斯克登记贵族身份。在1900年流放期间,为了争取警方同意其妻提前结束流放生活,他还曾写了封申请书,署名为"世袭贵族弗拉基米尔·乌里扬诺夫"。

列宁父亲的出身则确实是平民。其曾祖父为农奴,祖父年轻时获得解放,得到市民身份,靠当裁缝为生,直到50岁时才存了点钱,娶了个比自己年轻20岁的妻子,而她是受洗的卡尔梅克人,属于蒙古族人的后代,也正因此,从列宁的长相中能看到亚洲人的血统。1836年,列宁的祖父去世,留下妻子、五岁的伊里亚(即列宁的父亲)和两个小女儿给17岁的长子瓦希里照顾。

瓦希里是当地一家大型贸易公司的销售员,终身未娶,似乎生活的意义就在于完成父亲的遗愿,照顾好一家老小。弟弟伊里亚入读喀山大学,乃至后来结婚、搬家的费用都是这位勤勉的兄长提供的。

列宁的血统象征了俄罗斯这个庞大帝国的历史:这并不是一个单一的民族,以斯拉夫民族起始,随后受蒙古族西侵的影响,夹杂了犹太民族的智慧,杂糅着德国或西欧的文化。从文化或语言上来论,列宁是俄罗斯人,然而,德国、瑞典、犹太或蒙古人的传统,也植根于他的血液中。

"长大后，他要么会特别聪明，要么就特别蠢。"

1869年，乌里扬诺夫夫妇定居辛比尔斯克，一年后弗拉基米尔（列宁）出生，在这个大家庭里，大家唤他"沃洛佳"。他是家中老三，姐姐安娜（生于1864年）、哥哥亚历山大（生于1866年），另有妹妹奥尔加（生于1871年）、弟弟德米特里（生于1874年）和妹妹玛丽亚（生于1878年）。

父亲伊里亚是位出色的教师，在短短几年时间里就升为省校主任，且屡获嘉奖，最终因为对教育事业的贡献而获得贵族身份。全家人住在一幢很不错的宅子里。三个较大的孩子各有一间单独的卧室，配有一个厨子、一个奶妈和若干用人。据列宁回忆，在童年时，他觉得家里丰衣足食，什么都不缺。

长列宁六岁的姐姐安娜，记录下了这个孩子幼年时期的样子：

> 他是家中的第三个孩子，非常吵闹——哭得惊天动地，一对小眼睛总是水汪汪的。他学走路学得晚，差不多是跟妹妹奥尔加一起学会的，而奥尔加比他小了一岁半。奥尔加几乎是在旁人不注意的情况下，自己一下子就学会了走路，而沃洛佳恰

● 1874年，列宁和3岁的妹妹奥尔加

1879年，乌里扬诺夫一家。列宁坐在最右侧，他的哥哥亚历山大站在父母中间，德米特里坐在中间，安娜站在最右侧，奥尔加站在最左侧，而玛丽亚坐在妈妈怀抱里。

列宁的父亲伊里亚是个性格坚定的实干家，几乎可以算是一个工作狂，经常一出公差就是几个星期，甚至几个月。因为长期的努力工作和取得的显著成绩，他被不断提拔，位至四等文官（十四级官衔中列第四级），成了世袭贵族。

列宁的母亲玛丽亚是一位有着"坚强的意志和刚毅的性格"的妇女，早年丧母，没有接受过正规的学校教育，天资极佳，在姨母的照顾和教育下长大。她擅长外语，弹得一手好钢琴，并且自学通过了考试，取得教师资格证。列宁没上过小学，从五岁开始便在她的教导下识字读书，九岁时，就可以去中学报到了。像母亲一样，他也是个语言天才，懂得法语、英语、德语，可能还有意大利语。当然，也学习过希腊语和拉丁语。

列宁的祖母是俄罗斯的卡尔梅克人。卡尔梅克的意思是"脱离者"，是突厥语对蒙古土尔扈特部族的称呼。所以，一些传记作者说，从列宁的颧骨和眼睛中，还可以看出些东亚人的影子。

● 1879年，乌里扬诺夫一家

> 恰相反。妹妹绊倒后，会自己撑在地板上爬起来；而他每次摔得都特别重，头重重敲到地上，随后，家中便会响起他绝望的哭闹声。

家里的奶妈对这个孩子的看法是："长大后，他要么会特别聪明，要么就特别蠢。"

家人只能去猜测，为什么这孩子每次摔跤都会摔到头，最后的结论是：应该跟他的身材有关。还是个娃娃时，这孩子的腿又短又无力，却长着个大脑袋，之所以总是摔倒，大抵因为头重脚轻。

学会走路后，他成了家里的"破坏王"。在安娜的记忆里，童年时代的列宁非常"闹腾"，总喜欢惹事。过生日时，父母给了他一匹硬卡纸做的玩具小马。安娜注意到，他立刻躲在门后。几分钟后家人找到了他，小马已经被肢解。几位兄弟姐妹也都曾经历过自己的心爱之物被列宁彻底毁掉的悲剧。

虽然如此，他仍然是个很惹人喜欢的孩子。母亲说："至少这孩子很诚实。"8岁那年，他证明了她的观点。那一年，姐姐安娜和哥哥亚历山大带着他，第一次乘坐蒸汽船去喀山他们的姨妈安娜·布兰克家做客。这是他第一次出远门，站在船上向母亲挥手告别时，他甚至哭了起来。在喀山，他跟表兄弟们玩耍，不小心打碎了一个玻璃花瓶。安娜姨妈听到了响动，冲到房里，对每个孩子都审问了一番，当时的他没有承认花瓶是自己打碎的。这件事情发生三个月后，在他自己家里，有一天深夜，母亲发现他埋在被子里抽泣，这时他向母亲承认："我骗了安娜姨妈。我说花瓶不是我打碎的，但其实就是我打碎的。"

很多传记称列宁是个神童，这未免言过其实，但他确实一直在学业上表现出众，很得父母和老师的宠爱，也因此自信满满，傲视群侪。他的一位同学V.V.沃多沃佐夫回忆说，在他去了乌里扬诺夫家后，他就意识到，自己不可能成为列宁的密友，因为他发现这位同学实在太"趾高气扬"，脾气急躁，而且完全容不得别人的任何异议。

哥哥亚历山大因密谋刺杀沙皇被处绞刑

列宁的父亲伊里亚·乌里扬诺夫并非革命家,他的长女安娜说,他"从不是革命者,也不希望孩子走这条路。他非常满意亚历山大二世的统治,尤其是他治下的第一阶段,在他看来那是个'光明时期'"。1860年代沙俄开始进行"伟大改革",农奴被解放,地方政治得到部分自治权,大学开始不断扩张。伊里亚相信,眼下的环境已经相当不错了。

作为一个优秀的教育家,伊里亚在家中创造了一个民主而人性的氛围:夫妻相敬如宾,对孩子悉心呵护,子女平等相待——这是孕育自由思想的土壤。伊里亚并没有打算将列宁培养成革命家,他和妻子无非是培育子女们勇敢追求改变的可能。

1886年1月10日,伊里亚开始剧烈咳嗽。第二天下午茶时,这家有客人造访,但伊里亚并没有下楼与客人见面。因为他身体向来不错,家人以为他只是犯了胃病,而大女儿安娜也漫不经心地提起过几天就要回圣彼得堡,继续她的教师资格课程。到了1月12日,伊里亚决心继续工作。虽然他还觉得非常不舒服,而且外面下着雪,他仍然带着一位同事去管区学校视察,一直工作到下午2点。回家后他没有吃饭。当家人用餐时，他走到餐厅门口，凝视着每一个人，但没有说一句话，然后径直回到书房。事后家人才意识到，伊里亚是在与他们告别。

午餐后玛丽亚来找他，发现伊里亚全身剧烈颤抖。莱格彻尔医生上门后，他曾清醒了两次，但旋即又陷入昏迷。他去得很快，虽然没有进行尸体解剖，但医生相信死因是脑溢血。此时，他年仅53岁。

玛丽亚是个善于经营的女子，在丈夫还未去世前，她就已经为自己申请了退休金，在丈夫死后不久，她又向喀山的学校申请了特别抚恤金。此外，父亲的大宅院她是共同所有人，能够收一笔租金。政府的抚恤金和大宅院的租金，这就是一家人所有的收入了。

亚历山大是长子，可能也是家中最聪明的孩子。在高中毕业时，他获得了成绩第一名的金牌。读中学时，他对动物学很有兴趣，掌握了三门外语，1883年入读圣彼得堡大学数学和物理系时，立刻就成为班上的尖子生。就在父亲逝世一个月前，他因为对环节动物的研究报告而获大学嘉奖。

起初他潜心学术，对政治并不感兴趣，但随着朋友们向他介绍马克思、恩格斯和普列汉诺夫的著作，他开始渐渐参与学生运动。在学校时，他与弟弟的联系并不密切，只是偶尔互相写信问候。放假回家时，他与列宁也没有特别的交往，毕竟这两个男孩子相差了四岁。家人之间固然感情深厚，但孩子们都倾向于跟年纪更接近的兄妹走得更近。列宁非常崇拜哥哥的智慧，但在感情上，与他最亲密的是妹妹奥尔加。长姐安娜记得在父亲去世后，她有一次问过亚历山大："你对我们的小沃洛佳怎么看？"亚历山大回答："他很有天赋，但我跟他合不来。"安娜对这个回答很不满意，但亚历山大不愿意对此做更多解释。

1881年，沙皇亚历山大二世被刺，激进学生团体因此受到警方更严密的监视。亚历山大为何会参与刺杀亚历山大二世的行动，他自己并未做出解释，但应该跟1886年11月17日的学生集会游行有关。这次活动被警方武力驱散，几个学生被捕，流放西伯利亚，这件事可能给了亚历山大巨大的刺激。据他的朋友谢维莱夫表示："在政府将我们最亲密的伙伴生生夺走后，如果还要拒绝斗争，那已经是件极其不道德的事情。而在现时的环境下，对沙皇统治真正的斗争，就只能意味着恐怖主义。"

在谢维莱夫的领导下，这群激进学生开始筹划刺杀行动。他们从1887年2月26日开始研究沙皇从宫殿到圣艾萨克教堂的路线。可惜他们太缺乏实战经验了，3月1日，警方查抄到了他们的一封信，整个小团体全部被捕。

乌里扬诺夫一家被这个消息给击垮了。母亲立刻奔赴圣彼得堡，向亚历山大三世递交陈情书，表示假如沙皇开恩，她一定会重新教育儿子，将罪恶与阴谋清除出他的大脑，直至他"重新做人"。然而玛丽亚没有成功，这并不是因为沙皇拒绝法外施恩，而是亚历山大本人宁愿舍生取义。

审判进行得非常迅速，3月15日开始，19日即告审结，五名同志被判绞刑。直到亚历山大与母亲告别时，他仍有改判流放的机会，但他用安静而坚定的声音告诉她："我在法庭上说过的话，已经覆水难收。假如此时还想求饶，那我未免太不真诚了。"

亚历山大在生命的最后时刻异常勇敢，他最后的请求是让母亲给他带一卷海涅的诗歌在狱中阅读。1887年5月8日清晨，他们被告知，绞刑将在两小时后执行，他们此时仍可以求情要求轻判，但这些年轻人决定安静地走向彼岸。

亚历山大被绞死的当天，列宁正在进行几何和算术考试，跟往常一样，他拿了最高分。家人仍然相信会如传言所说，死刑将在最后一刻改判。母亲对亚历山大说的最后一句话是："勇敢点，勇敢点。"在此后很长一段时间里，她一直陷在悲痛中不能自拔，唯一的慰藉是，亚历山大在最后时刻向十字架鞠了一躬，这样一来，必能得到上帝的宽恕。

《怎么办？》

  1887年，到了选择大学的时候了。本来以他的成绩，列宁足以上圣彼得堡大学，但校方告知，有了他哥哥的事情，他已经不可能入读这所大学。他的高中校长菲德尔·科伦斯基（Fedor Kerensky）为他做了激情四溢的辩护："乌里扬诺夫极其有天赋，始终勤勉好学，在所有科目中均名列前茅，因为他的学业与行为，以金奖身份毕业可谓实至名归。无论是在校内还是校外，乌里扬诺夫从未因他的言谈举止，引起校方或老师们的任何不满。"他的母亲则保证会看护着儿子，不让他行差踏错。他因此拿到了喀山大学的录取信，这也是他父亲的母校。他选择的专业也颇为值得玩味，当他宣布自己要读法律时，朋友们都非常纳闷，因为那时候自然科学最为吃香；老师们则以为他会读哲学，因为他的拉丁文和希腊文都念得相当出色。

  母亲玛丽亚希望能帮助儿子远离政治和其他危险。她搬到了喀山附近，想帮助他戒烟，理由是他自小身体不好，假如继续吸烟，肯定会令身体情况更加恶化。他完全没有理会母亲的要求，在大学校园里继续抽烟，只不过会躲着教授不让他们看见。玛丽亚搬来的另一个原因，是因

● 1887年,17岁的列宁初显英气,目光冷峻

中学时代的列宁并不十分合群,这个早熟的少年对待学校作业就像日后对待革命纲领和政府公文一样严谨,甚至对于学校的作文作业,他也研究出一套自己的工作方法来:首先写大纲,定出文章的引言、结论、基本脉络,然后,他拿出一张纸对折,左半边打草稿,罗列观点和事实,在右半边添加阅读书籍时做的摘抄和删改、补充的内容,最后,再根据这个草稿写出文章。这样的习惯延续了一生。

为在辛比尔斯克当地，这家人已经被排斥在主流社会之外，他们的血统、宗教信仰，再加上长子企图刺杀沙皇的"耻辱"事件，令当地中上等阶级对这家人开始避之唯恐不及。

喀山不是座安静的城市，从15世纪开始，就是俄罗斯和鞑靼的必争之地，此时，鞑靼人仍然占了居民的31%，因此始终为当局密切监控。喀山大学同样是个一点就爆的火药桶，学生再三举行示威，要求大学自治，而当局的对策是加紧控制，这使得学生的情绪更加激进。1885年，当局开始禁止学生集结成社，唯一的例外是"老乡会"。列宁也加入了由票务代理帮助建成的老乡会，动机无非可以趁机吃到家乡的美食，享受一些便利。

当局对他的看法已经不可能改变。虽然参加的只是旨在交流感情的老乡会，但他已经被当局盯上。喀山教育管理部门的记录表明："乌里扬诺夫看起来就没在干好事：他一直待在吸烟室里，跟人窃窃私语……"

这注定是个动荡的学年。亚历山大·乌里扬诺夫和其他几名学生被绞死的消息，仍然深深烙刻在学生们的心中。不少大学开始讨论发起示威，喀山大学也没有例外，列宁所在的老乡会也参与其中。12月4日，骚动发生。这是个寒冷刺骨的冬日。操场上已经开始积雪，而阳光却很明亮。中午时分，大约90名学生聚集在学校大楼里，喊着要求大学自治的口号，学监N.G.泼塔波夫想把人群疏散开来："先生们，你们这是要去哪儿？哪儿？不许去！"但他很快就被人群冲开，在这群人中，便有新生弗拉基米尔·乌里扬诺夫。

示威学生知道，警方很快就会采取对策。他们各自散去时，警察果然已经开始在全城进行搜查，喀山大学被关闭，直到来年2月才重新开学。12月5日凌晨，警察便从家中和街道上，将所有参加示威的学生逮捕。因为此事，共有39名学生被喀山大学开除，其中只有三名学生——包括列宁在内——是新生。警方勒令他必须在12月7日离开喀山。

他被剥夺了求学的权利。母亲一度想让他重新被喀山大学录取，教育部主管的回复相当直接："这不是那个乌里扬诺夫的弟弟吗？两人读的是同一所高中。没错，文件写得很清楚。他当然不能重新入学。"列宁本人也曾写信，请"尊敬的阁下允许我就读帝国喀山大学"，如果不允许，就"卑微地请求尊敬的阁下准许我出国读一所外国大学"，落款是"贵族乌里扬诺夫"。他未获成功。

列宁的经济处境并不算困顿。他虽被判"流放"，但地点就是外祖父的大宅院，位于大城市萨马拉附近。1889年5月3日，乌里扬诺夫全家离开了他们在喀山省的亲戚家，举家乘坐蒸汽船，沿伏尔加河而下前往萨马拉。到埠后，全家换乘马车，来到了城东的阿列克耶夫卡农庄——此前经人介绍，母亲已经花了7500卢布，置了200亩地。农庄上建有一个木头盖的大房子，走不了几分钟便可以看到森林和群山，附近还有一方池塘，最没有经验的渔夫也可以轻松钓到一桶鱼。

母亲安排列宁学习农庄经营，但他对农业几乎没有一点认识，也无意学习。很快农民们就发现，这位农场主是个地地道道的城市中产阶级知识分子。他们开始偷懒，开始占小便宜，先是一头奶牛失了踪，接着，第二头也不翼而飞。母亲玛丽亚终于放弃了。她先是将农庄分租给农民，只保留了一幢房子。到后来，她将所有土地都卖给了当地一个叫丹尼林的富农。此举可能无意中救了一家人，因为在1905—1906年的革命浪潮中，丹尼林被阿列克耶夫卡农庄的农民们杀死。假使列宁还是这里的农场主，也许他也会遭遇同样的命运。

在母亲玛丽亚看来，那段时间里孩子们都很省心。

列宁成为圣彼得堡大学的编外学生，刻苦攻读法律学位。女儿奥尔加本想去芬兰名校赫尔辛基大学读医学，但因为校方要求她通过芬兰语测试，最终未能如愿。所以在1890年，她去了圣彼得堡攻读高等女子课程，后来成了教师。两个年岁最小的孩子，德米特里和玛丽亚也都在高

● 1890年,列宁在萨马拉,此时他20岁。
比起17岁时英气勃发的面容,
三年生活的变故让列宁迅速变得老成

中勤奋学习。大女儿安娜在1889年7月，嫁给了马克·耶里扎洛夫，列宁是证婚人之一。

1891年3月，列宁为准备去圣彼得堡参加第一阶段的毕业测试，在聂瓦河边上租了间安静的屋子。他与妹妹奥尔加常常见面。奥尔加也常与母亲书信往来，汇报哥哥的近况。4月8日，她在信中写道：

> 妈妈，在我看来。你对沃洛佳的担心毫无道理。首先，他很知道保养身体；其次，考试也非常简单。他已经考了两门，而且这两门都拿了五分。周五他有一门考试，星期六他休息了一会儿：早上散步，午饭时来看我，我们俩沿着聂瓦河散心，看了看河面上的破冰船。
>
> 他并没有不眠不休，因为再强大的大脑都不可能连续24小时运转，休息是必要的。每天都会来吃午饭。

作为最亲密的妹妹，奥尔加并未陪伴列宁太久。她一度想放弃教师工作，继续去国外学医，但在1891年4月，她在圣彼得堡病倒了，被送往亚历山大医院。列宁并未意识到她病情的严重性，给母亲发电报说："奥尔加得了伤寒，住进医院，照顾得很好，医生认为她可以痊愈。"但奥尔加的热度一直没能退下去。5月初，他再次发电报给母亲："奥尔加的病情恶化了。妈妈明天是否可以动身？"玛丽亚立刻买了去莫斯科的火车票，再转往圣彼得堡，但还是来不及了，5月8日，19岁的奥尔加去世。不幸的是，这一天也正是他们兄长亚历山大被执行绞刑的4周年祭日。

奥尔加被葬在圣彼得堡南郊沃尔科沃的路德派公墓里。这恐怕是母亲玛丽亚第一次做出离经叛道之事。任何一个作为东正教基督教徒受洗的人，都不得改变信仰，生死皆是如此。奥尔加接受过东正教牧师的洗礼，所以照理不能安葬在路德派的墓地里。玛丽亚回归了自己的宗教传统，倒并不足以说明她对宗教有多么虔诚，而只能说明在经历了大儿子亚历山大被处死、在家乡遭主流社会抛弃后，她已经不再渴求被上流社会接纳。

告别了最亲爱的妹妹，列宁并没有表现出过多的悲痛——他习惯于压抑自己的感情。他陪伴母亲回到了萨马拉，直到9月，他才因为要接受第二阶段的毕业测试而回到首都。两部分考试总共包括一项笔试和13项口试。

22岁时，他顺利地从圣彼得堡大学取得了一等文凭，并在萨马拉谋到了一份律师助理的工作。对辩护律师这一职业，他并没有太多热情。1892年，作为出庭律师，他总共只接了14宗官司，其中一次，是他本人起诉农民邻居没有看好耕牛，因此给自己的农庄造成了损失。而在1893年，他的工作量还要更小些，从1月到8月一共只接了六宗官司。他的大部分客户都是穷苦人家，案情也主要是小偷小摸。在巴黎居住时，他曾经再一次运用过法律知识，那一次他骑着自行车，被一位子爵的车子撞倒，他因此把对方告上法庭。对于自己的律师生涯，列宁并不乐意多提。

此时，列宁开始广泛阅读大量西方和俄罗斯的社会、政治、文学方面的作品，其中包括马克思的《资本论》。1904年，在日内瓦与瓦列恩基诺夫聊天时，列宁回忆说，当时他读书读得没日没夜，最喜欢的作家是车尔尼雪夫斯基。车尔尼雪夫斯基在《当代》(*Sovremennik*)杂志上发表的每一个字，都被列宁细细咀嚼。"我开始熟悉马克思、恩格斯和普列汉诺夫的著作，但对我影响至深至远的唯有车尔尼雪夫斯基。从他的小说《怎么办？》开始，车尔尼雪夫斯基不仅揭示了每一个正直的人都应该是个革命者，还提出了更重要的问题：要成为什么样的革命者，他应坚守怎样的原则，他为何应该坚定目标，又应该采取怎样的方式和手段达到目标……"

此时，他与尼古拉·菲多西夫保持着频繁的书信往来，他认为这位住在喀山的朋友应该是第一个在学识上可以与自己相提并论的人。菲多西夫曾给列宁开了一张书单，详细地列明了他认为必须阅读的社会政治民主方面的书籍，在随后的流放生涯里，列宁几乎完全是按照这张书单请亲友为自己寄书。

在圣彼得堡：
为什么列宁会对革命斗争
表现出如此的热诚？

1893年8月20日，列宁离开家，前往圣彼得堡。在他看来，首都代表着新俄罗斯，这里吸引他的并不是几十万产业工人，而是发表论述、探讨俄罗斯经济社会问题的一小群年轻的马克思主义作家。

虽然母亲仍然想将这位心爱的儿子保护在自己的羽翼之下，但此时两个最小的孩子德米特里和玛丽亚还要继续高等教育学习，所以母亲第一次放松了对列宁的约束。

他租了套干净的房子，可以不经过房东的屋子，直接上楼进自己的房间，这里离国家公立图书馆步行只需要15分钟。安顿下来后，他立刻去给妹妹奥尔加扫墓，并写信告诉母亲，妹妹坟墓上的花束和十字架都保存完好。他告诉母亲自己已经开始受理案件，但实情是他并没有接一个案子，顶多是接受一些朋友的法律咨询，大量的时间用来阅读，以至于没过一个月，他便要写信请母亲再给他寄点生活费来。

他的身体不大好：老胃病一直不见好，有时又头痛得睡不着。医生诊断他患有"黏膜炎"，用现在的观点来看，他得的大概是胃溃疡。这是基因作祟。长姐安娜19岁时也被诊断患"黏膜炎"，母亲也有胃病。他的病跟环境大概也有关系。每当他没法按时吃饭时，胃病就会卷土重来；而政治纷争引发的心理压力，也会让他的病情更加严重。

他写成的第一篇著作，题为"农民生活中新的经济变动"。文章对经济学家弗·叶·波斯特尼柯夫收集的俄罗斯南部农民生产的经济数据，以马克思主义的观点加以解读。他寄了一份给菲多西夫，希望他能对此给予"尽可能详实的分析与批评"。这篇文章也寄给了圣彼得堡的知名刊物《俄罗斯思考》，但被退了稿。他想过要将稿件印成小册子发表，也未能如愿。

在圣彼得堡，他与当地的马克思主义者建立了联系，但并没有交到多少志同道合的朋友——不少人认为乌里扬诺夫未免太"红色"了。他希望让大家明白，他要成为一个"科学的"马克思主义者，已经抛弃了暴力革命的观点，但他最推崇的革命者之一，恰恰是彼得·特卡切夫。特卡切夫笃信革命意志、阴谋组织和政治暴力，表示一旦革命者夺取政权，就应发起对牧师、警察和地主的大规模斗争。

为什么列宁会对革命斗争表现出如此的热诚？原因与他哥哥亚历山大的死不无关系。他认为沙皇亚历山大三世只需稍微表示一点慈悲，就可以令他年轻的哥哥免于极刑。亚历山大最终被绞死，足以令一个少年自此对整个"罗曼诺夫家族"产生深深的仇恨。

列宁全家都渴望看到一个面目一新的俄罗斯，对于沙皇俄国的文化，这家人始终有一种疏离感，这不仅仅是因为从血统上说，他们不是纯粹的俄罗斯人。他们想要的是一个"有文化""有教养"的俄罗斯，希望特权被终止。列宁在早年时，已经希望未来的俄罗斯有所改变，而他所受到的中学和高等教育，都是抽象的理论教育，脱离实际。对他来说，政府无非是讨厌的规训机构，毁灭这样一个政府与体制，在他看来并无任何问题。

此时的列宁，长相酷肖其父，有一点让他很烦恼：早早地谢了顶。

他曾跟妹妹玛丽亚讨论过，怎样才能让头发凋零的速度放慢一点儿。因为头发即将掉光，他蓄起了胡须。他讨厌别人衣衫不整——一旦看到家人衣服上的纽扣掉了，或者皮鞋没有擦干净，他都会直接指出问题。

作为一个单身汉，他的房间很整齐。跟小时候一样，他总会把铅笔削得尖尖的，每天整理书桌，而且非常节俭。收到信件时，他总会把空白部分裁下来。此外他还几次写信给弟弟德米特里，提醒他在购书时，不要被奸诈的老板蒙骗了。

他并不是个追求时髦的年轻人。他不喜欢自己买衣服，假如亲戚们不主动为他买新大衣或者新鞋子，他就宁愿一直穿旧的。

他生命中最重要的女人仍是母亲与姐妹们，他一直与她们保持着频繁的书信往来，夏天时他也会去看望亲人。这是个非常亲密的家庭。一次回家时，弟弟德米特里教会了列宁骑自行车。妹妹玛丽亚从1896年起，在莫斯科读了两年理科，他有空时也会辅导妹妹功课。玛丽亚没能拿到圣彼得堡高等女子课程的录取通知，一方面是因为她确实不如哥哥姐姐们聪明，另一方面恐怕也跟几位兄长参与了政治活动有关。

对于异性，列宁终于开始产生了兴趣。1894年2月的一天，在一个叫克拉森（Klasson）的工程师家里，他在客厅里见到了一群马克思主义者，其中有两位年轻女性：安泼利娜里娅·雅库波娃（Apollinaria Yakubova）和娜杰日达·克鲁普斯卡娅（Nadezhda Krupskaya）。

娜杰日达对列宁的第一印象并不好。在讨论中，有人提议应该为当地产业工人建立一个"文学委员会"，列宁对此爆发出一阵笑声，她注意到了他的笑"空洞而又邪恶"。随即他质问大家，这样的提议对于革命能有什么帮助。在这以前，还从没有人对这个小团体发出过类似的挑战。娜杰日达回忆说："克拉森站了起来，看起来很郁闷，捻着小胡子说，'魔鬼才知道这家伙说的是什么东西！''那你有何高见？'在场的科洛高说，'他说的一点没错，我们到底是什么样的革命派？'"

一开始时，列宁和这两位女孩都保持着交往，但时间一久，他开始更频繁地拜访娜杰日达。娜杰日达与寡母叶丽莎薇塔（Yelizaveta）同住。她的父亲是一位军官，因为阅读车尔尼雪夫斯基和赫尔岑的著作而被勒令退役，在他死后，家人搬到圣彼得堡，靠他的抚恤金过活。娜杰日达在一家为工人创办的周日夜校当老师。

年轻人——光看长相列宁已经不年轻了，此时他已经完全谢顶——在家中欢快地谈起普列汉诺夫、列索夫，以及他自己正在写作的关于欧洲社会民主运动的著作，母亲在一边煮着茶炊。对于这位未来的女婿，叶丽莎薇塔有何想法已经不得而知，可以确定的是，终其一生，她都一直小心地保持着距离，也曾公开称列宁是"一点正经事都不干的人"。

跟安泼利娜里娅·雅库波娃，列宁也保持着朋友关系，有时候三个人会同行。后来有学者称，列宁曾向安泼利娜里娅求过婚，但遭到拒绝，她更喜欢《工人思想》的主编K.M.塔克塔勒夫。她长期保持着与列宁的通信往来，1902年至1903年，两人还在伦敦见过几次面。

列宁在瑞士的短暂革命之旅

列宁一直想要出国看看。1895年3月15日,出乎他自己意料的是,机会终于来了。谁也不明白个中原因,但内政部确实解除了对他申请护照的限制。他立刻开始准备去瑞士旅游,除了衣服,还带了一堆关于俄罗斯经济的书籍。4月24日,他与刚从狱中释放的朋友伊萨克·拉拉扬茨一起从圣彼得堡前往莫斯科。次日,他独自一人坐火车一路往西。

母亲要求他在路上一定要给她写信,而列宁也顺从地照做了。在奥地利的萨尔茨堡,他寄了张明信片回去,写道:

> 我在国外已经走了两天,在不断练习会话。非常糟糕,我要费很大劲才能听懂德国人讲话,更确切些说,我完全听不懂(甚至连最简单的话都听不懂,因为他们的发音听起来很不习惯,而且讲得太快)。我向乘务员问问题,他回答了我,可是我听不懂。他大声地再说一遍,我仍旧不懂,他就生气地走开了。虽然感到这是可耻的失败,但我没有灰心,我还是非常努力地结结巴巴地说着德国话。

游历瑞士时,他被阿尔卑斯山脉的湖光山色所吸引,一度想要租个度假屋,雇个女佣。打听到市场行情后他很郁闷:要付女佣一个月30法郎的工钱,还需要提供食宿——而且她们的伙食标准还相当高!他宁愿把钱花在自己身上。在瑞士时他的胃病又犯了,只得花高价看了个瑞士医生,而医生的建议只有一条:注意饮食。他得吃得更规律,避免油腻食物,喝大量矿泉水。

随后他去法国看了看,接着回到苏黎世,在城外的湖边租了个房子暂住。最后他去了柏林,在那里几乎天天游泳,还膜拜了皇家图书馆。钱花完了,母亲出手相助。全家人都知道,他是多不喜欢给家人买礼物。不过在离开柏林前,他曾写信给母亲,宣布要为弟弟德米特里买一本解剖学的著作。至于妹妹玛丽亚,他说:"我感觉,无论买什么恐怕都不会让她喜欢。"可以确定的是,他确实曾给妹妹买过一件礼物,至于是什么,妹妹从未向人透露过。除此之外,她从哥哥那里得到的,就是一本接一本他自己撰写的书。

列宁此行,绝非单纯地寄情山水,他给自己安排了一系列革命任务。首要的一件是拜见偶像普列汉诺夫。两人在日内瓦相处甚欢,计划要合办一本共产主义理论刊物。随后他去了苏黎世,目的是要与普列汉诺夫的助手帕维尔·阿克塞罗德商讨细节。在阿克塞罗德夫妇的家中他借住了两星期,他的机智、热情与忠诚也给普列汉诺夫和阿克塞罗德留下了深刻印象。

在巴黎时,他见了马克思的女婿保罗·拉法格;在柏林时,他也与德国著名社会民主人士李卜克内西会了面。

这是一次漫长的旅途。直到当年9月29日,他才终于回到圣彼得堡。一路上他又在维尔纽斯、莫斯科和奥列霍沃祖耶沃城逗留,与当地马克思主义者建立联系。他随身的行囊是一只在柏林定制的手工制作的黄色皮手提箱,箱子里夹带了不少给同志们的违法书籍。海关知道他的身份,所以压根没有搜查他的行李,目的是让他大摇大摆过境,好顺藤摸瓜,发现他革命战友们的身份。

三十岁的"老头子"列宁在流放西伯利亚时结婚了

最终,内政部不再容忍俄罗斯的马克思主义组织。奥克拉那警备队(沙皇时代的秘密警察组织)刚开始时并不想把列宁及他的同志抓进牢里,因为觉得这群人很学院派,不可能惹太多麻烦。但随着俄国劳工运动不断升级,当局终于决定要还以颜色。此时,列宁甚至还没意识到自己的危险。1895年12月5日,他在给母亲的信中还在闲话家长里短:表哥最近当上公证人,请他代表自己的公司打官司;他还去找了另一个当医生的表哥,但对方当时不在。他觉得此时最大的麻烦是邻居拉三弦琴发出的噪音,从小到大,他在读书写作时都无法忍受噪音,所有的弦乐器都会令他头痛。

12月9日,警方将他从公寓里带走,这让他非常震惊。他住进了拘留所的第193号牢房。列宁很清楚,此次跟在1887年参加学生示威时被捕的情况很不同,他肯定不可能马上被放出来。第一次审讯是在12月21日,警方提问时很小心,而受过严格法律训练的列宁回答得同样滴水不漏。他这样表示:"我不承认自己属于社会民主党派或其他任何政党。据我所知,我也并不知道眼下存在着任何一支反政府政党。"严格来说列宁

● 1897年2月,圣彼得堡社会民主主义者的"工人阶级解放斗争协会"创始人在被判流放前合影,下排左三为列宁

1897年2月,圣彼得堡社会民主主义者的"工人阶级解放斗争协会"创始人在被判流放前合影。下排左三为列宁。从22岁起,列宁开始广泛阅读西方和俄罗斯的社会政治文献,包括马克思的《资本论》。列宁回忆说,当时他读书读得没日没夜,最喜欢的作家是车尔尼雪夫斯基。列宁于1895年底在圣彼得堡被捕入狱。在监狱中,他坚持阅读,并开始起草马克思主义政党的纲领,用"牛奶墨水"写作,这样只有纸张在煤油灯上加热后,文字才会显现出来。在结束监狱生涯时列宁曾经感慨,如果时间再久一点他就能够完成自己的著作了。

的话完全没错。此时社会民主党派还没有创建，他自己非常想建，但目前尚未成功。

监狱里的日子还算平静，他可以继续写作（这本书在1899年出版，书名为《俄国资本主义的发展》）。他可以阅读任何合法出版的书籍。他开始起草马克思主义政党的纲领，用"牛奶墨水"写作，这样只有纸张在煤油灯上加热后，文字才会显现出来。两个女友都设法去探监。列宁给娜杰日达用密码写了张条子，请她们在下午2点15分时经过监狱，这样，放风时他就能通过窗户看她们一眼。不过由于阴差阳错，大家最终还是没有互相看到对方，而这两位女士也先后被捕入狱。

姐姐安娜和母亲从莫斯科搬来圣彼得堡。列宁提出了几大要求：优质的铅笔、食物和亚麻布床单。家人送的食物太多，他在家信中还小小地抱怨了一下："茶叶就很够我开个铺子了，不过，我想他们是不会允许的，因为要是同这里的小铺子竞争，胜利一定是属于我的。你给我带来这样多的面包，我想差不多够吃一星期了。这些面包说不定会变得像奥勃洛摩夫（编者注：为冈察洛夫《奥勃洛摩夫》小说中的主人公）的星期日馅饼那样硬呢。"他提醒家人，考虑到他的胃病，在伙食上得特别为他考虑。她们送来了瓶装矿泉水，甚至还有一管灌肠剂。他变瘦了，脸色也发黄，不过因为坚持做俯卧撑和仰卧起坐，肌肉变结实了不少。

放逐西伯利亚的不毛之地，通常是政府对于异见人士的惩罚。在经过了几轮审判后，列宁在1897年2月被判流放西伯利亚三年，接受警方监视；同时期被捕的其他革命人士也都接受了同样判决。他立刻就与娜杰日达恢复通信。与此同时，母亲则开始为了儿子奔走，先是请当局允许他自费自行前往西伯利亚，随后又请当局考虑到他的健康状况不佳，推迟出发；接着母亲又声称自己病了，希望儿子能在圣彼得堡多待一周。此外，她还给东西伯利亚当局写信，希望"考虑到儿子的健康状况，将他安排到克拉斯诺亚尔斯克或叶尼塞省的其他南方城镇"。列宁也提出了同样的申请，理由同样是"基于健康原因"。

当局几乎没有理会他们的要求，只是允许列宁自行乘坐火车前往流放地点。目的地定下来了，是叶尼塞河上游的舒申斯克村，列宁很快就给这个小村落起了个昵称，叫"舒-舒-舒"。当地因为气候适宜，人称"西伯利亚的意大利"。列宁在给母亲的家信中评价说："舒-舒-舒这个村子不坏。的确，地方很荒凉，但是离这儿不远就有一片树木。没有直通叶尼塞河的路，但是舒什河就在村旁流过；不远的地方还有叶尼塞河的一条很大的支流，那里可以游泳。远远可以望见萨彦岭或它的支脉，山上的积雪几乎长年不化。"列宁因此诗兴大发，他的诗起了个头："在舒沙，在萨彦岭的山麓……"可惜，列宁从来就不是一个浪漫主义者，这首诗他也只写了这么一句。

很多同志都将被流放视为一种耻辱，而在列宁看来，那无非是三年强制旅游。沙皇时代的政治犯流放，条件尚算宽松，几乎可以算是养尊处优，每人每月还可以从政府手上拿八卢布"工资"。几乎是一到达目的地，列宁就立即支取了当月工资。列宁给家人写的信中记载，"除了打猎游泳，我大部分时间用来散步"，他说他睡得"格外久"，"对住所和食物很满意"，"人人都说过了一个夏天我变胖了，而且皮肤晒黑了，简直像个道地的西伯利亚人"，生活"一如从前，宁静从容"，唯一的问题是"找不到人帮忙做家务，而且夏天异常难熬"。他甚至将当时的处境跟施皮茨相提并论，当年全家人曾去这处瑞士胜地度假。

除了不需要做工，也没有受到严格的人身限制，流放的政治犯可以自费邀请亲友前来同住，可以安排会见、写书和政治纲领，互相串门子，甚至成家立业。

1897年7月，列宁受邀参加朋友V.V.斯塔科夫和A.M.罗森伯格的婚礼，也许就是这次婚礼，激发了列宁自己对于婚姻的向往。他与当时在南乌拉尔河乌法镇流放的娜杰日达的通信更为密切起来。1898年1月，

● 1897年2月,列宁在圣彼得堡,即将流放西伯利亚

列宁向当地警方申请，希望允许他的"未婚妻娜杰日达，前来苏申斯克继续她的流放"。而娜杰日达也提出要转往苏申斯克，"理由一样是声称我是他的未婚妻"。

1898年5月，经历了铁路、轮船和马车的长途跋涉，娜杰日达带着母亲一起来到苏申斯克。随后列宁给母亲写信说，娜杰日达"制造了让人哭笑不得的局面：假如我们不立刻结婚，她就会卷起铺盖回乌法。而我对此也不是全然反对，所以，现在我们已经开始'斗嘴'了"。

在出发前，娜杰日达已经充任未婚夫的代理人，由列宁译介一系列关于英国贸易工会的书稿，而且给他争取到了预付稿费。来到苏申斯克后，一方面，她顺从于列宁，陪伴他散步，另一方面，她也为列宁培养了一个新嗜好。她喜欢出门采蘑菇，一开始列宁觉得这件事相当无趣，但很快，采蘑菇竟然成了他最喜欢的爱好。娜杰日达向婆婆汇报说："你简直没法将他从树林里拖出来。我们准备种个小花园。沃洛佳已经准备找人犁土了。"

为了结婚需要寄送大量文书资料，经过了将近两个月时间，他们总算备齐了结婚需要的所有文书。岳母坚持他俩要履行完整的宗教仪式，虽然当时列宁已经28岁，娜杰日达还比他长了一岁，而且两人都是无神论者，但他们最后还是顺从了母亲的意愿。列宁请了几位一起流放的朋友参加婚礼，1898年7月10日，简朴的结婚仪式举行了。新人交换的一对铜戒指，是由流放朋友奥斯卡里·恩伯格手工打造的。他们共同的朋友安泼利娜里娅发来了贺信。但也就是在婚礼当天，他们收到了一封信，报告说列宁的革命启蒙导师菲多西夫在流放期间，因为受不了其他同志的诋毁而饮弹身亡，他希望列宁知道，自己之所以轻生并不是因为失望，而是"对生活充满坚定的信心"。随后的另一封信报告说，菲多西夫的未婚妻也自杀了。

婚后，列宁一家搬进了一所更大的房子，雇了个15岁的女佣，还养了一只爱尔兰猎犬"赞卡"。他给自己保留了一间大书房，闲时除了采蘑菇，还喜欢出门打猎钓鱼。冬天他喜欢滑冰，在妻子看来，他太喜欢炫技，老是做些"西班牙跳跃"动作。岳母的厨艺令列宁大为欣赏，可惜有时拍马屁拍得不是地方。有一次，他赞美她做的烤鹅外酥里嫩，而事实上盘子里的动物并非鹅，而是松鸡。无论如何，岳母心里头明白，一向不善于夸奖别人的列宁确实是在尽力想要跟她处好关系。

宁静的生活、清新的空气和健康的饮食，令他的头痛病不再发作，胃也被调理得好了很多。唯一的不便是物资匮乏，需要亲人们时常寄送衣物。他让母亲寄一顶优质的草帽度夏，一件皮大衣过冬。此外，六号铅笔也是必需品。

列宁与娜杰日达的结合，没有经历暴风骤雨般的爱情，但却安静、务实。与母亲不同，娜杰日达是个柔顺的女子。没人认为她是美女，但她的五官很精致，个头比列宁高了五六厘米。她穿着很朴素，头发总是一丝不乱。在革命圈里她被称作"鱼"，这并非恭维，而是因为此时她已经出现了些甲亢的症状，双眼突出，脖子肿大，她的小姑子安娜从来就不喜欢她，在第一次看到娜杰日达后，就刻薄地称她看上去像一条青鲱鱼。虽然她本人受过良好教育，而且相当勤奋，但在婚后，她立刻将自己定位成列宁的工作助手，帮助他整理文献、誊写书稿，在他朗读自己的文章时她仔细聆听，但甚少发表尖锐意见。

他们没有子嗣，假如对此他们有过一星半点失望，也隐藏得很好。列宁对妻子的关心溢于言表。一次他给母亲写信，说："娜嘉（编者注：娜杰日达的昵称）仍需静养：她在一周前写信告诉我，医生认为她的妇科病需要持续治疗，得休息四到六周（我又给她寄了些钱，从沃多沃佐娃那里我搞到了100卢布）。"其后他们在国外时，娜杰日达得了甲亢，需要手术。列宁再次写信给母亲，报告说："娜嘉的身体很糟糕，发着高烧，烧到说胡话，把我给吓坏了。"

值得注意的是，列宁这一代有六个人，但只孕育了两个后代，那是德米特里所生的一子一女。在自己的回忆录里，娜杰日达对此并无太多描述，只是偶尔在说到旁人的生活时，流露出了没有子女的失落。她曾在书中说，她的好友维拉·查苏利奇独自生活，没有家人陪伴："她是多么需要家人啊。看着她与德米特里家的金发小男孩玩得那么开心，你就能看出来。"

娜杰日达的陪伴，使得列宁的生活更加平静祥和。这从1900年至1914年出国期间他给母亲写的信中可以看出来："我仍然过着度假般的生活，散步、游泳、无事可做。"在荷兰时他写道："在此地休息非常棒，游泳、散步，没人让你分心，无事可做，这对我来说再好不过了。"在法国时他说："我们准备去布列塔尼度假，也许这周六就出发。"在波兰时他写道："这里已是春天了：白雪全部融化，天气非常暖和，出门时已经不需要穿胶靴了。虽然克拉科夫以多雨著称，但现在的阳光真的特别灿烂。你和妹妹玛丽亚还要住在那么糟糕的垃圾堆里，让我想想都难过！"

严格来说，
他还没有成为列宁

列宁最大的愿望是出书。在流放期间他开始撰写《俄国资本主义的发展》。1898年4月初稿完成，此书参阅的书籍和论述超过五百。他联系到了M.I.沃多沃佐娃，她在圣彼得堡开了一家小型出版社，一直以来都在尝试出版一些马克思主义书籍。他派姐姐安娜去谈出版细节，表示"没必要急着收钱"。他更关心的是这本书的排版质量：字体清晰、表格准确、没有错字。此外，他也希望书能快点儿出版，印数也需要大一点。最后双方同意第一版印2400本。由于他已经被当局列入黑名单，为避免引发更大麻烦，这本书以Vladimir Ilin的笔名出版。这本书在俄国的社会民主界，立刻产生了不小的反响。

流放的3年里，列宁的写作渐趋成熟。1899年，他在圣彼得堡知名期刊发表了五篇评论，对德国修正主义理论家爱德华·伯恩斯坦的批评也公开发表了。他所撰写的知名论文《现实主义理论》发表在《科学评论》第八期上。这位苏申斯科的流放犯渐渐成为知名作者。

1900年1月19日，他终于收到内政部的通知，他本人的流放岁月已告结束，但妻子娜杰日达仍未期满，需要回到乌法继续完成。他的藏书

● 1900年2月,列宁在莫斯科。列宁的姐姐安娜在回忆录中写道:"他很瘦,蓄起长长的胡须……"

被装进箱子里，总共重达500磅。第一段旅程最让大家担心，因为只能乘坐无篷马车，而此时的气温有时低至零下30度。然而列宁并不打算等到春天时再出发。1月29日归程开始，这时他才得到消息，当局不许他定居圣彼得堡、莫斯科或其他任何一个拥有大学或大型工业区的城镇。

他选择去波多利斯克城，家人已经在北边的莫斯科焦急地等待与他会合。看到他的样子，母亲与姐姐吃了一惊，姐姐在回忆录中写道：

> 他很瘦，蓄起长长的胡须，站在箱子上。母亲吓得不轻，叫道："你怎么能在信里边写，说流放让你的身体变结实了？"
>
> 后来我们才知道，弟弟在流放中身体确实练得不错，但到最后几星期却彻底被焦虑给打垮了。

30岁的列宁，已经站到了人生的新高度。1900年在圣彼得堡出版的《布罗克豪斯百科全书》收录了他的名字，将他列入经济学家之中。严格来说，他还不是列宁，因为此时他并未使用这个笔名，但从信仰上来说，他已经成为列宁。他是坚定的马克思主义者。他始终尊重俄国的暴力传统，几乎不拥有世俗的感情，还几乎没有与俄国的工人和农民阶级发生过任何联系，与他心心相印的都是理论大师，比如马克思、车尔尼雪夫斯基，以及包括他哥哥亚历山大在内的俄国暴力革命家。他还未成为成熟的政治领袖，但已经是一位领导者。现在，他希望加快革命的步伐。

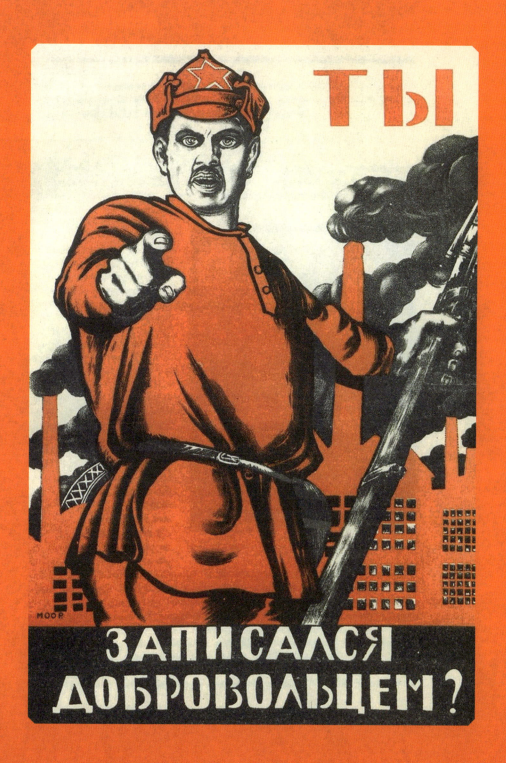

● 你登记了吗？志愿兵

Ленин

第二章

列宁 Ле́нин (1870—1924)

《怎么办?》

56　《火星报》、列宁的党纲、游历欧洲

60　党内矛盾:"布尔什维克"和"孟什维克"的竞争

63　普列汉诺夫与列宁的关系,经历了起起伏伏

72　日本打败俄国,"流血星期日"的发生,使列宁在党内成为绝对领袖

76　列宁下棋输了,会像孩子般掀翻棋盘

79　列宁在巴黎失去支持

83　在感情生活中,列宁又得到了一次机会

87　这个,恐怕就是我的命运:一场战役接着又一场

● 1912年沙皇骑兵近卫军,在圣彼得堡进行的骑兵阅兵式

《火星报》、
列宁的党纲、
游历欧洲

列宁知道此时自己与圣彼得堡的社会民主主义者，都仍处在警方严密的监视之下。他再次申请出国。内政部显然认为放他出去比让他待在国内惹的麻烦更小些，就在1900年5月5日为他颁发了护照。7月的第二个星期，他离开了俄罗斯，首要目的是要在苏黎世与普列汉诺夫会合。

出国前他先去乌法见妻子娜杰日达，母亲玛丽亚和姐姐安娜与他同行。娜杰日达与婆婆和大姑子相处得并不融洽，她一直将婆家人早早离去归咎于自己照顾不周——当时她需要担任代课教师为母亲和自己赚取生活费，而且还要为期刊撰写关于教育的论文。

在瑞士，列宁受到了社会民主人士的热烈欢迎。一到苏黎世，他便与帕维尔·阿克塞罗德会面，在两人的谈论中，他发现，如果想要推翻沙皇统治，就需要创办一份报纸，建立一个政党。

1898年3月，九名马克思主义活动家已经在明斯克成立了政党，这次会议被称为"俄国社会民主工党第一次代表大会"。几个星期后，九名创始人中有八名被捕，因此社会民主工党并未展开政治活动。此时，俄国的马克思主义者们的意见已经出现了严重分歧，一些人希望立刻开展暴力活动，还有些人则希望在工会内部举行非政治性活动，另有一部分人士认为反沙皇革命只能由中产阶级而非工人举行。即使普列汉诺夫本人出席第二次代表大会，也未必能左右众人的意见，所以在列宁看来，此时最重要的不是成立意见统一的政党，而是先赶紧办一份报纸。

新朋友亚历山大·列索夫帮他联系上了圣彼得堡的亚历山德拉·卡尔米科娃。卡尔米科娃是经营书店的，列宁流放期间，她曾给他寄过大量书籍。她同情革命人士，表示如果列宁要办马克思主义报纸，她愿意出前几期的费用。与此同时，列宁需要考虑一些更实际的问题。这份报纸的总部得设在一个交通发达的地方，瑞士太过偏远，相比之下，德国南部的慕尼黑更加理想。此外还得有个编委会，列宁认为自己和朋友列索夫、马尔托夫都应在其列，此外还需要包括普列汉诺夫、阿克塞罗德和在1878年刺杀圣彼得堡市长的女革命家维拉·查苏利奇。1900年12月24日《火星报》在德国莱比锡创刊，不久迁往慕尼黑。

流放结束后，娜杰日达和母亲也来到德国。1901年4月到1902年2月期间，他开始写作《怎么办？》，此时，列宁已经被视为欧洲社会民主运动的重要思想领袖，访客络绎不绝，妻子成了他最重要的秘书。在写作阶段，连最亲密的朋友马尔托夫也时常见不到他的面。在列宁不想见的人出现在门外时，娜杰日达总会婉转地表示："弗拉基米尔诚恳地向您致敬。"

《怎么办？》进展缓慢，也跟列宁政治事务繁忙有关。他需要帮助编辑《火星报》，此外他还在参与第二次党代表大会党纲的写作。早在1900年新年时，作为俄国马克思主义的创始人，普列汉诺夫已经勉强答应了列宁撰写党纲的要求，但他并不情愿，一是因为一旦要讨论纲领的具体内容，他就要从瑞士赶到德国，二也是因为他感觉如此一来，自己就要被小字辈评头论足。结果也果真如此。第一稿写成后，列宁挑出了好些毛病：语言太无力，若干章节的论述有事实偏差，结果普列汉诺夫只能带着列宁布置的任务重回瑞士。列宁本人也写出了自己的一个版本，自然遭到了普列汉诺夫的强烈批评。从慕尼黑到日内瓦，他们的书信充满了火药味。直到1902年6月1日，《火星报》第21期终于刊发了双方妥协之后的党纲。

德国警方对《火星报》越发注意起来，列宁和编委会的朋友们决定将总部从慕尼黑搬到伦敦。伦敦警方向来对革命人士睁一只眼闭一只眼，当地的邮政网络也相当高效，而且文化设施跟欧洲其他城市一样便利。

1902年4月，列宁夫妻来到了伦敦维多利亚火车站。俄国移民、同时也是《火星报》支持者的尼古拉·阿列克谢夫已经帮助他们在圣潘克拉斯区租到了一套公寓。同时，马尔托夫、列索夫和查苏利奇也在附近安顿下来。阿列克谢夫甚至还在附近的20世纪出版公司给他们谈妥了协议，那里的平板印刷机可供他们印刷报纸。列宁在伦敦弄到了一个假身份证，化名雅各布·里切特博士。从他的住处走不了多远便是大英博物馆。平日里，他都会先去跟同事们聊聊，随后来到大英博物馆，在巨大的阅览室里做研究，座位号几乎是固定的：L13。

列宁越来越喜欢伦敦，将它与日内瓦并称为自己最喜爱的欧洲城市。莫斯科则是他最厌恶的地方。在伦敦，他很安全，可以随时走进藏书浩瀚的图书馆，还有印刷机器稳定地供他使用。星期天早上，他常常和妻子一起去海德公园听演说，有时还会跳上一辆双层电车，坐在高高的车上游览伦敦郊区。

也不是所有事情都让列宁满意，他很不欣赏几个编辑同事的波希米亚生活方式，觉得他们粗糙的生活展现出了东欧知识分子最恶劣的一面。他热爱秩序，办公室和家都整理得井井有条。马尔托夫的房间却完全不同：到处都是烟蒂和烟灰，糖跟香烟混放在一起，所以去马尔托夫那里做客的人，在喝茶时都拒绝要糖，免得喝进一肚子烟灰。查苏利奇的房间也好不了多少。

在列宁家中，这样的情况不可能出现。列宁早期抽烟，此时已经戒了。他并没有明令禁止别人抽烟，可一旦有人在他家点起一根烟，他就会立刻皱起眉头将窗户打开，即使外面飘着雪也是如此。

列宁批判着同事们的生活方式，而他自己也同样要受到房东太太的批评。房东杨太太希望他们能尊重当地的习俗拉上窗帘，在多次敦促"里切特博士及夫人"后，她才终于如愿。起初他们与房东一起开伙，但列宁夫妻很快就烦透了所有的英式菜肴，最后只能改成开小伙，由娜杰日达和母亲一起做饭。

党内矛盾:"布尔什维克"和"孟什维克"的竞争

1902年秋天的一天清晨,列宁家的门被敲响了,来访者是列夫·托洛茨基,他刚逃离西伯利亚,想要加入《火星报》的编辑队伍。此时的托洛茨基尚属无名小卒,他迫切想要见到列宁,但列宁还没起床,而且坚持要睡够了、洗完澡以后才去客厅。娜杰日达只能自己出门,替托洛茨基支付出租车费,再为他煮上一杯咖啡。

列宁悠哉游哉,按平日的习惯起了床,与托洛茨基会面。两人一见如故,列宁甚至热心地担当向导,带他去景点游玩。列宁一度提议,让颇具文学天赋的托洛茨基成为《火星报》的第七位编辑,但遭到普列汉诺夫的拒绝,此时普列汉诺夫和列宁这对师徒已经相当不和,普列汉诺夫不希望列宁收一个"自己人",提升在编委会内部的发言权。

1903年,马尔托夫提议将《火星报》从伦敦搬到日内瓦,这样可以解决普列汉诺夫长期遥控、双方因此产生误解的问题。编委会里边只有列宁投了反对票,他认为普列汉诺夫一直是个麻烦,但没人愿意听。列宁相当绝望,他对妻子抱怨说:"魔鬼才知道,为什么没人敢跟普列汉诺夫叫板。"他的神经再次被击垮,胸部和脊椎痛得厉害,还发起了高烧。

由于请不起英国大夫，娜杰日达只能自己查医书，然后推测列宁是得了神经痛，还按书中介绍，买来些碘酒擦拭列宁身体，碘酒的刺激令列宁痛不欲生。

1903年4月，他们离开伦敦前往瑞士，到达目的地后列宁又病了两星期。此时他们总算请来了像样的医生，得到了正确的诊断，列宁得的病是所谓"圣火"，也即丹毒症。这是皮肤和淋巴管的急性炎症，换在今天，用抗生素即可药到病除，但在当年，医生没有更多好办法，只能建议病人静养以求自愈。

同志们认为此时各方面的条件业已成熟，决定在比利时召开俄国社会民主工党第二次代表大会。会议从1903年7月17日开始，但警方很快从俄国秘密警察方面收到消息，开始骚扰会场。很快，大会越过英吉利海峡，移师伦敦，7月27日在一个教堂里继续召开——作为一个无神论者，列宁置身于这样的宗教环境时感到很不自在。

也是在这次大会上，列宁与几位编辑朋友，尤其是与马尔托夫之间的矛盾开始激化。在讨论党章第一条时，两人发生了异常激烈的争论。马尔托夫主张凡是"在党的机关监督和领导下为实现党的任务而积极工作者"，都可成为党员。列宁则坚持：党应当是一个有组织的部队，每个成员不能自行宣布加入，而应由党内某一组织批准吸收，他们不仅要承认党纲，而且必须参加党的一定组织，服从党的纪律。大会对两人的观点进行投票表决，结果，列宁以22对28失败了。

列宁当然为此感到沮丧，但他坚持了下来。随后，大会要选出党的中央机构，以此控制由三人组成的《火星报》编委会和三人组成的中央委员会。由于此前的抢眼表现，列宁和马尔托夫已经成为两个当然的领袖，列宁将他与自己的跟随者命名为"布尔什维克"（多数党），而马尔托夫同意了列宁提出的名称，进而愿意将自己的集团命名为"孟什维克"（少数党）。

几位领导者之间的矛盾一点点暴露出来。自1900年起，普列汉诺夫与列宁之间已经渐生裂痕，但一直勉力维持着团结局面。在大会上，列宁提议将《火星报》的编委会由六人削减为三人。普列汉诺夫在会议上发表了一番言辞激烈的演讲后，宣布愿意从《火星报》的位置上退下来。列宁随后也向《火星报》和组委会辞职。这是第一次，也是最后一次，列宁宣布要从一个实权位置上辞职。

很快列宁就后悔了。1903年11月，他在西伯利亚流放期间的好友克尔日扎诺夫斯基前来看他。在此前的大会上，克氏已被选入中央委员会，列宁向对方只提出了一个要求，希望自己能增补入中央委员会。克氏欣然同意。

克尔日扎诺夫斯基仍想化解党内的矛盾。在将列宁增补进中央委员会几天后，他提出将列宁的支持者L.加尔佩林从理事会中撤出，将一些孟什维克成员增补进中央委员会。列宁对此很不满意。1904年2月，克氏等人以中央委员会的名义给列宁写了封正式函件："我们请'老头子'放下争端开始工作。我们等待着他撰写的传单、小册子和任何建议——这是镇定神经、回应毁谤的最佳方法。"

普列汉诺夫与列宁的关系，经历了起起伏伏

人称"俄罗斯马克思主义之父"的普列汉诺夫，与列宁一样，是贵族出身，1856年生于坦波夫省，其父是职业军人，坚持子承父业。普列汉诺夫确实入读了军校，但在取得了士官生的徽章后，又入读圣彼得堡矿业学院，但在1877年因为参加学生示威，被取消了学籍。在普列汉诺夫身上，一直有着军人气质，也许正因为此，列宁在1904年时曾评价说："普列汉诺夫是个让人忍不住要俯首臣服的人。"但随后他又不服气地说："不过，我认为他已经半截身体入土了，而我还年轻。"

1870年代，普列汉诺夫是民粹主义者。他1879年离开了俄罗斯，到了1883年时，已经成为坚定的马克思主义者，其后，他开始为俄国的共产主义政党和俄国的未来书写纲领和计划。1895年，当列宁第一次见到他时，这位老前辈对列宁的影响是巨大的。然而当1900年再次见面时，两人间已渐生不和。党在1903年分裂时，普列汉诺夫加入了孟什维克派，标志着两个人彻底决裂。

自1879年起，普列汉诺夫就客居瑞士，在异乡生活达37年之久。1917年得知沙皇被推翻的消息后，因为胸痛而在疗养的普列汉诺夫迫不

及待地踏上了回乡路,持法国护照经由北海,在3月31日重返彼得格勒。虽然受到了不可谓不热情的欢迎,但未过一年,他就"逃离"了一生梦想并倡导的革命。在1917年夏末发表的文章中,普列汉诺夫指出,列宁鼓吹的俄国战败论、推翻临时政府以及夺取政权的想法,是"疯狂而极其危险的举动",将要给俄国大地带来灾难性的混乱。在十月革命后,他与维拉·查苏利奇等人联名写了《致彼得格勒工人的公开信》,表示夺得政权的人将把俄国人民推向"史上最可怕的灾难",并称这将"最终引发一场内战"。就在文章发表的次日,一群士兵和水手冲进了他和妻子同住的公寓,一个水手用手枪顶着他的胸口,威胁道:"赶紧将武器交出来。假如我们自己抄出来,就要当场枪毙你。""就算搜不出来,恐怕你们也会这么做吧,"普列汉诺夫镇定地回答说,"但我确实没有武器。"这起事件并没有当即要了普列汉诺夫的命,但此后,普列汉诺夫就走上了逃亡之路,先在彼得格勒,后移居芬兰。1918年5月30日,他在惊恐与悔恨中病逝。

普列汉诺夫曾经宣传阶级斗争、无产阶级专政、工人阶级在重建社会中的先锋作用,可是为什么在他的晚年,他与列宁的思想却开始背道而驰了呢?究其原因,也许正因为他是个极端正统的马克思主义者,因此在回到俄国,直接接触了俄国最真实的经济与社会现实时,他意识到,按马克思主义的社会革命蓝图,俄国以现有的条件,只能走资产阶级革命的道路,革命必须循序渐进,而不能跳跃式地前进。列宁与他最大的矛盾,不在于他加入了孟什维克,而在于普列汉诺夫在二月革命后,不断鼓吹立宪,要建立一个"联合国家各个主要政治力量的联合政府"。普列汉诺夫的思想转变,在俄国相当多的精英阶层和知识分子阶层中有代表性。

1921年7月,在政治局的一次例会上,公共卫生人民委员提出要在彼得格勒给普列汉诺夫建一座纪念碑,政治局的回应模棱两可,将问题推给了彼得格勒苏维埃,表示这只是个市政建设问题。纪念碑最终没有建起来。随后，政治局考虑应该救济普列汉诺夫的家人，他们在国外生活得很拮据。列宁在1921年11月18日同意给其家人一次性支付1万瑞士法郎。相比之下，在1919年，政府给德国社会民主党的卡尔·李卜克内西家人的救助则要慷慨得多，列宁最终同意支付的数字是5000金卢布，这或许是因为李卜克内西的遗孀索菲娅在向列宁求助时，态度要更坚决些。索菲娅在俄国出生，她给列宁写信说，"父亲原本有处产业，其中有三间房，价值为300万卢布。分到我这儿应有60万，但房子被收归国有了。给我和孩子们120万马克，我保证今后再也不拿任何物质上的要求来烦您……"。

● 1917年,圣彼得堡街头,红军战士在持枪巡逻。革命已正式在俄国的大地上开始

● 1917年，圣彼得堡二月革命过后的街头。托洛茨基乘车来到民众与士兵中间慰问。这位苏联红军的缔造者，坐在这辆敞篷车上，他的眼镜与他标志性的高帽，如同他在这场突如其来革命中的表现一样，特别显眼

4/7. Сожженное здание Окружнаго

● 1917年，圣彼得堡著名的建筑冬宫，它华丽的外表早被革命的烈火烧得面目全非。而占领它，则标志着革命的战果与胜利

日本打败俄国，
"流血星期日"的发生，
使列宁在党内成为绝对领袖

1904年6月，列宁夫妇决定出去散散心，暂时将党内矛盾抛在身后。那年年初，他在日内瓦骑车时，撞上了一辆有轨电车，脸被划了条大口子。头痛、胃病和丹毒症更叫他疲惫不堪。他迫切需要给自己放个假。与夫妻俩同行的是玛丽亚·埃森，她是中央委员会里仅有的两名仍然支持列宁的成员之一。此行他们背着背包，手握地图，整装上路。瑞士对于徒步客来说，是个再合适不过的地方，旅客只需要在前一天发个电报，就可以订到次日的旅店房间，而且这里的电报网络四通八达。

他们先乘船来到蒙特勒，参观西庸古堡。此后的路都靠徒步，列宁的精气神又回来了，他大步向前，两个女人在山路上踉踉跄跄地跟在他身后。7月底，他们在布雷山山脚下休息了一阵。这是一次长假，直到9月2日他们才返回日内瓦。

流亡海外的同志们探讨革命的路线和方针时，在沙皇俄国国内，革命已经近在眼前。秘密警察益发猖狂，沙皇俄国渐渐成为一个警察治理的国家。但民众并不愿意轻易妥协。世纪之交时庄稼歉收，农民暴动此起彼伏。工人地下组织日渐成熟，开始寻找推翻政府的机会。政党组织渐趋严密，除了俄国社会民主工党，社会革命党也在积极运作。1894年上台的沙皇尼古拉二世面临的处境可谓四面楚歌。

令形势更为严峻的是，1904年，俄罗斯愚蠢地与日本开战，争夺太平洋地区利益，到了那年年底，战场失利的消息频频传来。部队补给不足，军心涣散。

1905年1月8日（俄历），不分年龄、不分性别的人们聚集在圣彼得堡举行和平示威。人们向沙皇所住的冬宫进发，目的是向尼古拉二世递交请愿信，要求其尊重人权，停止政治迫害。这是个星期日。游行的民众穿上了他们最好的衣服，气氛严肃而庄重。打头的是东正教牧师乔治·加邦，示威是由他通过圣彼得堡工人和矿工联盟组织起来的。他的目的非常单纯，只是想将请愿信当面交给尼古拉二世。

快到冬宫时，警方要求示威者自行散开，但示威者没有理会，继续前进。冬宫前的警卫开始恐慌起来，向人群开火。无辜的示威者被杀害。其后，俄罗斯各地展开罢工和示威游行。

不到24小时，俄罗斯发生"流血星期日"的消息就传到了日内瓦。城里最早读到报纸的布尔什维克党人是安那托里·卢那察尔斯基（十月革命后至1929年，他担任俄罗斯联邦教育人民委员）和他的妻子。手握报纸，他们立刻冲向列宁的公寓。列宁相信这次事件将彻底导致沙皇政体瓦解。列宁夫妇和卢那察尔斯基夫妇一起走到卡荣路93号的咖啡馆，这里是俄罗斯马克思主义者在日内瓦的主要据点，老板夫妇也是革命者，所以会招待流亡海外的同胞们吃可口的家乡小食，价格也很公道。喝一杯咖啡，便可在此高谈阔论一整天。这一天，咖啡馆里很快就挤满了人。人们都嗅到了革命的气息。

列宁对"流血星期日"的解读是：布尔什维克应该借此机会与孟什维克划清界限。他发起提议，由布尔什维克领导的中央委员会，组织召开一次团结俄罗斯各进步党派的代表大会。地点选在了伦敦，列宁情绪高昂，催促娜杰日达赶紧买火车票。

大会定在4月召开，但普列汉诺夫、马尔托夫和《火星报》的其他领导人都拒绝来伦敦。他们指出中央委员会中两派实力相差悬殊，号召孟什维克去日内瓦参加自己的集会。所以，虽然中央委员会成功邀请到了数名孟什维克来伦敦参加会议，但第三次代表大会总的来说是一次布尔什维克大会。

在这次大会上，列宁成为绝对领袖，大会几乎所有议程都由他来主持。列宁最出色的能力之一，在于他在演讲时思维极度清晰，语言非常有鼓动力。几乎没有哪个布尔什维克能在这方面超越他，而孟什维克中能和他站到同一高度上的恐怕只有亚历山大·波格丹诺夫一人。列宁喜欢开大会。他喜欢与工人阶级代表会面，喜欢借此机会与代表们交流意见。他还热心地帮助代表们寻找便宜的住所，教他们英文发音技巧。（不过据很多人回忆，不知道为什么列宁的英语发音带着浓厚的爱尔兰口音。）在夜晚，他喜欢带着几个朋友去一家德国小酒吧，喝一会儿啤酒，聊聊天——其中好几个代表后来回忆说，列宁在谈起俄罗斯19世纪的恐怖主义活动和法国大革命时期雅各宾党的恐怖主义行径时，显得分外激动。

这个夏天，俄罗斯极不平静。前线失利，各地起义。5月份，一个新名词开始流行："苏维埃"。亲自回去领导罢工的托洛茨基成为彼得堡苏维埃主席。波兰人和格鲁吉亚人宣布他们的国家不再受沙俄管辖。

1905年10月17日，沙皇尼古拉二世发表宣言，承诺将成立国家杜马，保护人权。列宁认为现在是回到俄罗斯的土地上的时候了，自己从此将不会再成为秘密警察的靶子了。11月初，他与妻子踏上了返乡之旅，先在日内瓦坐火车前往德国，再转往瑞典首都斯德哥尔摩。在那里，他们拿到了同志们帮忙准备的伪造身份证件，乘坐蒸汽轮船，穿越波罗的海来到赫尔辛基——这是5年来，列宁第一次踏上沙俄统治的土地。随后，夫妻俩再换前往圣彼得堡的火车。11月8日，他们走出了圣彼得堡的芬兰火车站。

列宁夫妇以本名登记住了下来，他们以为自此就可光明正大行事，没想到第二天清晨，他们就发现周围已经布满了化装拙劣的秘密警察。他们只好在同志们的帮助下，不断改换住所。不过列宁觉得危险不大，他兴冲冲地去郊区看了母亲和姐姐安娜；此外，他还跟在苏维埃、工会和其他组织中的布尔什维克保持固定联系。不过更多时候，他的工作还是跟在国外时一样：写文章，与中央委员会成员讨论。从1905年11月到1906年夏天，他主要住在圣彼得堡，偶尔去芬兰、莫斯科，1906年4月则去了斯德哥尔摩参加第四次党代表大会。

由于沙皇秘密警察对革命人士的镇压日趋严密，一批革命人士决定选择芬兰暂居。芬兰自1809年起受沙俄统治，但有自己的海关、货币和邮票。当地的共产主义人士极其痛恨沙皇统治，他们愿意借出一块地来，供沙皇统治下的任何受害者来此避难。在这里，列宁夫妇和波格丹诺夫夫妇得以继续写作、组织聚会，并近距离地关注俄罗斯国内政局。从1906年8月20日到1907年11月底，列宁一直住在芬兰，其间去伦敦参加了第五次党代表大会，去斯图加特参加了国际共产主义代表大会。他一直没回俄罗斯。此时的他一定不知道，自此将近10年后，他才可以重返圣彼得堡。第二次海外流亡生涯，比他想象得更加漫长。

在第五次党代表大会上，列宁一直在与人"斗嘴"，与孟什维克再一次"翻脸"，但由于得到沙俄其他几个边界小国的代表支持，大会达到了他想要达到的目的，同意选派代表参加国家杜马。由于受到一些代表的质疑，他未被选入中央委员会，但列宁似乎不以为意。

列宁下棋输了，
会像孩子般掀翻棋盘

芬兰的局势渐趋恶化。1907年6月，沙皇尼古拉二世宣布解散第二届国家杜马，制定了新选举规则，以便在年底成立第三届国家杜马，贵族在其中将取得更多席位。与此同时，秘密警察加强了对革命领袖的追捕。

11月底的一天，中央委员会接到消息，警察正在周围搜查。列宁立刻卷起行李前往将近400公里外的赫尔辛基。娜杰日达和波格丹诺夫夫妇几个人殿后，他们需要烧毁一部分无法运送的文件，再将纸灰填埋；其他重要文件则要尽快交给芬兰的同志保护起来。后来他们才知道，秘密警察的目标并不是他们，而是一群共产主义革命暴力分子。几天后，娜杰日达与列宁在赫尔辛基附近的一个小村庄会合。现在已经很清楚了，如果不想被逮捕，他们只能继续出国流亡。

在这次流亡中，娜杰日达显示出了出类拔萃的能力。他们本意是前往瑞士，但在去之前，必须把一整套与俄罗斯的接头方式确定下来，所以，娜杰日达就去了圣彼得堡，她要落实布尔什维克出版的主要机关报《无产者报》运往国内的线路；此外她还要去探访病中的老母亲，这一次

● 1908年，列宁去意大利的卡普利岛高尔基的家中，与波格丹诺夫在高尔基别墅的凉台上下棋，高尔基的妻子安德烈耶娃在很认真地观看

老母亲不愿意再跟着女儿女婿去海外逃亡了。

终于,两人一起来到了日内瓦。他们都得上了流感。列宁写信给作家高尔基,请对方应允自己的要求,让他们一起去他在意大利卡普利岛的家中歇歇脚。这一次逃亡实在太惊险了,而且想到自己又要被迫离开俄罗斯,列宁感觉身心俱疲,甚至对娜杰日达说:"我有种感觉,这次来日内瓦,我恐怕是没法活着回去了。"他在1905年底离开瑞士后,住在芬兰的时间比在俄罗斯更长;而在圣彼得堡逗留期间,多半也是在东躲西藏。他对一个朋友说:"我对俄罗斯了解得太少了。辛比尔斯克、喀山、彼得堡,就这么多。"

1908年4月,他们与波格丹诺夫一家一起,去了卡普利岛,在这次会面中,列宁称高尔基为伟大的马克思主义作家,高尔基却对列宁的文学天赋并不看好。他看了列宁的《唯物主义和经验批判主义》,没翻几页,就烦躁地将书丢开了。

不过,高尔基并未对列宁流露出不满。列宁在这里获得了片刻的逍遥,他整天钓鱼,与波格丹诺夫下棋,输了会像孩子般掀翻棋盘。

列宁在巴黎失去支持 1

列宁夫妇从意大利回到日内瓦，住了几个月，身体渐渐恢复了，也重新振作了精神，但波格丹诺夫和其他布尔什维克领导人却觉得瑞士不适合他们闹革命。列宁没法推翻党中央移师巴黎的决定。1908年12月，他们郁闷地离开瑞士前往法国。

来到巴黎后，岳母叶丽莎薇塔和妹妹玛丽亚与他们会合，一家四口生活得还算和美。叶丽莎薇塔是列宁生活圈子里的女人中唯一对他不那么恭敬的，列宁对她也相当坦诚，有一次开玩笑说，对重婚者最大的惩罚就是要同时侍候两位岳母大人。不过他们俩显然彼此尊重。有一个星期天，叶丽莎薇塔显得特别急躁，列宁发现她是没有烟抽了，立刻出门为她买了包烟卷，而他事实上特别不喜欢闻香烟味。

家里一度没有女佣。作为中央委员会成员，列宁可以按月领取固定收入，此外，布尔什维克靠斯大林领导的各地的武装活动，也拥有自己的基金。双方老人也都会拿着抚恤金来贴补列宁的生活。不过，他们就是没法找到一个法国女人给自己干活，因为一直传说俄罗斯人要求多多，又对用人比较刻薄。煮饭的任务落在娜杰日达身上，而她也承认，自己绝非一个好厨子。好在列宁对此并不挑剔，"你给他任何东西，他都会乖乖吃下去"。有时他甚至会孩子气地问："你可不可以把这道菜给我吃？"

自1908年起，他与波格丹诺夫之间的矛盾日益明显，两人问题之症结，在于波格丹诺夫反对布尔什维克派代表参选国家杜马，而列宁则对此表示支持。假如他知道，他的姐姐安娜和妹妹玛丽亚对波格丹诺夫的文学造诣推崇备至，两人常常挤在一起读波格丹诺夫的小说，肯定会气得仰天长啸。

列宁对波格丹诺夫的排斥，得到了布尔什维克中央的支持，但他们对列宁在圣彼得堡办一份合法报纸的提议则泼了一头冷水。不仅如此，中央还打算关掉《无产者报》，因为列宁的一再坚持，才勉强同意将周报改成月刊。此外，布尔什维克中央还决定与当时在维也纳的托洛茨基谈判，打算要给他提供经费，帮助他继续出版《真理报》。

在党内遭遇挫折，又逢后院失火。列宁一直习惯于让身边的女人们照顾自己，却没承想，这时他要被迫照顾家人。妹妹玛丽亚病了，先是得了伤寒，接着又生了阑尾炎，列宁只得想方设法替妹妹求医问药。一时间他感觉心力交瘁，于是带着妻子、岳母和妹妹搬到了法国塞纳-马恩省博本镇的小村庄里居住。他甚至应承家人：政治这件事太叫人烦心了，以后他再也不提、再也不写政治。

当然，他没有兑现诺言，也没人相信他真能将政治抛在一边。很多人都想不明白，为什么一个人可以这么轻易地分裂一个政党，孟什维克的领袖之一费奥多尔·丹也常常听到有人这样问。他的回答非常直接："噢，那是因为没有哪个人能像列宁那样，每天24小时想着革命，除了革命，他心无旁骛，甚至连做梦梦到的也是革命。所以，你只能想着跟上他的节拍！"

与家人度了五个星期假回来后，坏消息一个接一个传来：中央已经重新和托洛茨基接上头准备合作，还计划要与马尔托夫恢复联系。盛怒

● 1910年,列宁在巴黎。此时的列宁已初具领袖的风范,时髦的八字胡让他显得气宇轩昂

之下，列宁辞去了中央委员会机关报《社会—民主》编委会成员一职。一般来说，列宁很擅长控制自己的情绪，这一次也不例外，递交辞呈不久后他就又收了回去。

1910年1月，党中央全体大会在巴黎召开，这次会议对列宁无异于一场酷刑。布尔什维克和孟什维克都参加了大会，会议要求关闭布尔什维克中央，停止发行布尔什维克机关报《无产者报》，将中央由巴黎搬回俄罗斯。

回到俄罗斯的马克思主义者们遭到了秘密警察的追捕，一些人——其中大部分是孟什维克——士气大减，甚至要求将党解散，以个人身份加入合法的工人运动组织。这给了布尔什维克话柄，他们声称只有自己才能长葆革命精神。列宁敏锐地感觉到，时势给了他又一次重整河山的机会。

在感情生活中，列宁又得到了一次机会

列宁与娜杰日达的婚姻生活平淡而沉闷，多年来，甲亢使娜杰日达的容貌备受摧残。她的双眼突出，脖子肿大，体重增加，心脏也不好。也许正因为如此，列宁夫妇已经对生儿育女这件事彻底绝望了。列宁曾劝说妻子去做个手术，根治病症，但娜杰日达拒绝了，她知道手术的疗效并不确定，而且安全性也值得怀疑。

俄国作家伊里亚·爱伦堡曾说过："看看克鲁普斯卡娅那模样，你就会知道，列宁对女人不感兴趣。"其实不然，从妻子那里，列宁得到了温暖的安全感。而从别的女性那里，列宁又得到了久违的革命友谊与超越情感的帮助。

从1909年在巴黎开始，伊涅萨·阿尔曼德（Inessa Armand）就在列宁心中占据了一个重要的地位。1874年5月8日下午2点，她在巴黎出生，当时起名为伊涅萨·伊丽莎白。她的父亲是26岁的法国歌剧演员西奥多·斯蒂芬，母亲是24岁、英法混血的娜塔丽·韦尔德，在她出生时其父母没有结婚，但其后在伦敦的圣玛丽教堂举行了合法的结婚仪式。父亲早逝，留下的妻子和三个女儿身无分文。伊涅萨的母亲只能在伦敦教声乐。1879年去莫斯科看奶奶和姑妈，这是伊涅萨生命中的转折点，两位长辈分别担任声乐和法语教师，小姑娘受到了很好的教育，因而，她精通法语、俄语和英语，弹得一手好钢琴，而且外表相当美丽，最后她成了家庭教师。1893年10月，她嫁给了富商之子亚历山大·阿尔曼德。

从表面上看，这是一个富裕而幸福的家庭。小夫妻俩外表出众，常常全家一起去南方或国外度假。在8年里她生了三男二女。对家人照顾有加的同时，伊涅萨还博览群书。自1890年代末期，她开始关注女性主义，并对此保留了终身的兴趣。可是突然之间，1905年大革命前夕，她成了"娜拉"，带着孩子们离开了丈夫。她爱上了弗拉基米尔。对"自由恋爱"和革命情谊，伊涅萨一直身体力行地表示支持。1920年，就在她去世前两周，她在日记里写道："对浪漫主义者来说，爱情占据了他们生命中的首位，比其他一切都更重要。"

她与弗拉基米尔的革命情谊并未持续多久。自1903年开始，她就参与了莫斯科地区的俄国社会民主工党的活动。1907年在第三次被捕后，她被流放到了北方的梅津镇。弗拉基米尔跟随她一同前往，但不幸得了肺结核，要去瑞士治病，她偷偷潜逃到瑞士去陪伴他，然而就在她逃往瑞士的两星期后，1909年初，他病死异乡。

此时，一向隐忍的丈夫照顾着他们的孩子，还向伊涅萨不断汇款，35岁的伊涅萨得以前往布鲁塞尔的新学院攻读经济学。同年，她在巴黎见到了列宁。

一些人回忆说，应该是在1910年到1912年间，列宁与伊涅萨之间发展出了超乎革命友谊的感情。法国的马克思主义者查尔斯·拉帕波特说，有一次他在奥尔良大街的咖啡馆里碰到了这两人，列宁"没法将他的眼睛从这个法国小妇人的身上挪开"。列宁的一位秘书丽迪亚·弗蒂耶娃也回忆说，当时她去列宁的家，发现两口子已经分床而居，娜杰日达搬去了母亲房间。1911年9月，伊涅萨搬到了列宁家隔壁。

从伊涅萨1913年12月写来的信中可以看出她对列宁的感情。那年自10月起，列宁夫妻搬到了波兰的克拉科夫，在当地一直住到1914年5月。她在信中写道：

> 星期六早上。
>
> 亲爱的，这儿的一切都让人恼怒——灰色的街面，穿着太华丽的女人，不小心听来的只言片语，哪怕那是法语……我们分开了，分开了，你和我，亲爱的！而这竟是如此痛苦。当我凝视熟悉的场景时，我才真正意识到，你在我的生命中占据了多重要的地位。现在在巴黎，千丝万缕，仿佛一切都会让我联想起你。那时，我爱你，但并没有爱上你。而现在，只要我能看到你，偶尔和你说两句话，也将是莫大的欢欣，那样，即便是没有了你的吻，我亦可生存——而且这不可能给任何人带来痛苦。我干吗非得说这个呢？你问我，你主动提出分手，我是不是会生气。不，我知道你做这个决定不是为了自己。
>
> 留在巴黎，对我和N.K.（克鲁普斯卡娅）的关系也有好处。在我们最后几次聊天中，她告诉我，是在去年秋天我开始帮助翻译时，她才觉得跟我亲近了些。我真的已经渐渐习惯了有你在。不只是聆听你的声音，在你说话时注视着你，这让我觉得欢喜。第一是因为你的面孔如此生动；第二也是因为这样看着你，不会让你注意到……

"不可能给任何人带来痛苦"这句话，让人怀疑，她是否就是1912年6月列宁夫妇离开巴黎的原因？有人指出，娜杰日达一度想要离开列宁，给这对情侣自由。但她的退让反而让列宁陷入恐慌：娜杰日达是他最信赖的秘书和助手，伊涅萨无论如何不可能像娜杰日达那样成功。况且，列宁也对娜杰日达的病情充满同情。他当然希望能既有美人相伴，又有妻子料理家事，但既然不能两全，他极力挽留娜杰日达留下。娜杰日达照做了，唯一的要求便是请伊涅萨不要在他们夫妻面前晃来晃去。

在经历了一段时间的调整后，娜杰日达接受了伊涅萨的存在。在自己的回忆录中，她时常提到伊涅萨："伊涅萨全家都来了。我们住在村子的那一头，吃饭都在一张桌子上"；"弗拉基米尔·伊里奇写了篇演讲稿，伊涅萨给他做翻译"；"在索伦堡我们很忙，很快伊涅萨就要和我们会合了"。有时，娜杰日达还对他们的活动给予了更为细致的描写："我们常常会在落叶缤纷的森林小径上，一走就是好几个钟头。通常我们是三人一起，弗拉基米尔·伊里奇和伊涅萨和我……有时我们坐在阳光明媚的山坡上，伊里奇起草演讲稿，润色语句，我在旁边学意大利语……伊涅萨则做着女红，享受秋日暖阳。"

这个，恐怕就是我的命运：
一场战役接着又一场

奥尔忠尼启则成为新一届党代表大会的组织者。这个格鲁吉亚人性格暴躁，酒量大得惊人，他讨厌革命精神不彻底的孟什维克人，最尊敬的是列宁。列宁很轻易就说服他，会议地点应避免选在俄罗斯人扎堆的巴黎和日内瓦。他们选定的最终地点是布拉格。

列宁和同志们也给部分孟什维克寄送了会议邀请，但托洛茨基为了唱对台戏，一怒之下，要在维也纳组织会议。几乎所有孟什维克都觉得，托洛茨基要办的这个会议才是他们应该参加的。结果是，布拉格会议一共只有18人参加，其中16个人是布尔什维克。1912年1月召开的俄国社会民主工党第六次全国代表会议最终选举出了一个新的中央委员会，并为全党制订了新的政策。从这个角度上来说，列宁已经获得了成功。

1912年4月22日，第一份《无产者报》面世。列宁开始想离开法国，这一方面是因为想离开伊涅萨让妻子吃颗定心丸，另一方面也是因为他深知如果一直留在法国，将会失去对俄罗斯布尔什维克的掌控。不过如果回圣彼得堡，显然会迅速被秘密警察带走。娜杰日达想到了奥地利统治下的波兰城市克拉科夫。维也纳与圣彼得堡政府间的关系紧张，意味着列宁不必担心自己被引渡。克拉科夫有15万居民，其中竟然有一万两千人是反沙俄政权的政治难民。这其中大多数是波兰人，但俄罗斯人也不少。当地成立了政治难民援助协会，每个新移民都能拿到物质上的帮助。而且列宁和同志们可以与圣彼得堡取得非常迅捷的联系。俄罗斯首都与华沙之间，以及华沙与克拉科夫城之间都有固定的对开列车，邮政通信也很便利。列宁可以在这里建立中央委员会的国外基地，同时接待来自各地的访客。

6月4日，列宁夫妇和他的岳母，同季诺维也夫和妻子季内达·丽丽娜及小儿子斯蒂芬一起离开巴黎，前往克拉科夫。他们甚至没考虑到要低调行事。当地的《时间报》报道了列宁下榻维多利亚酒店的消息。而伊涅萨从巴黎写来信时，信封上直接写的是乌里扬诺夫家收。

列宁非常喜欢克拉科夫。这里四处是优雅的小教堂、皇室城堡和博物馆。列宁一家住在城郊，他可以沿着附近的农田漫步，去登山，去维斯杜拉河游泳。在旅居克拉科夫的第一年冬天，他买了双冰鞋，恢复了青少年时期在家乡滑冰的传统。他还常常坐火车去邻近的塔特拉山玩攀岩。

这里很像他的家乡。大型犹太人居住区卡齐米日，简直就像是沙俄的某些富庶小区，而农民们的集市也一定让他联想起了老家，他在给母亲的信中提到了这一点：

> 我还要将我的新地址写给你。今年夏天，我从巴黎一路来到了克拉科夫。这里简直跟俄国一样！这里的犹太人很像俄国人，而且俄国的边界距此只有不到10公里；可以看到很多穿着色彩艳丽的服装、长着鹰钩鼻的妇女——真的很像俄国！

列宁没打算学波兰语，实在需要跟当地人交流时，他就用肢体语言。

跟当地共产主义者讲话时，他则使用德语。他不愁精神食粮，大部分想要看的书，都能在当地的雅盖隆大学阅览室里找到，与俄国的通信也很顺畅。当地与俄国接壤，农民可凭身份证件随意出入境，他们雇用了一些农民帮助传送信件。列宁不知道的是，虽然这些秘密信件是用隐形墨水或者简单的密码写就的，但俄国的秘密警察早就破译了它们。

此时，列宁家常有访客。除了《无产者报》的编辑们，还有第四届国家杜马的六位布尔什维克成员，他们自1912年11月取得了席位。到了当年年底，列宁、季诺维也夫和马利诺夫斯基成了布拉格会议所选举产生的中央委员会中仅有的三名仍然未被拘禁的成员。

党内对列宁的反对声浪渐小，他的威信不断增加。那么，在这些年的流亡生涯里，列宁最后悔的是什么？其中一件事是无法靠近他的家人。母亲的身体变得很糟糕；1911年，大姐安娜和丈夫马克在伏尔加地区读当地报纸时，发现镇上有个"神童"叫乔治，自学了俄语、斯洛伐克语和希伯来语。这孩子家境贫寒，安娜夫妇说服他的父母，收养了六岁的小乔治（1917年时，这位少年与列宁的关系日渐熟稔）。不过在收养几个月后，安娜就被捕入狱。与此同时，家中的小妹玛丽亚成为法语家庭教师，而弟弟德米特里在克里米亚行医，与妻子安东妮娜的感情渐趋破裂。这些故事发生的地点距离克拉科夫并不遥远，可惜列宁却无法去亲眼一见。

与姐姐安娜一家一样，列宁夫妇也特别想要个孩子，他们对朋友家的小孩总是特别热情。在克拉科夫，列宁特别喜欢跟季诺维也夫的儿子斯蒂芬在屋子里打打闹闹，滚成一团，斯蒂芬的爸爸或妈妈抱怨时，列宁还会回嘴："别惹人厌啦，我们在玩儿，这是正经事！"有一次他跟季诺维也夫交心："哎，没办法生个像斯蒂芬这样的孩子，真是太可怜了。"

自1905年以后，布尔什维克通过各种形式筹集了大笔资金。这笔资金由三位德国人负责管理，并汇往中央委员会，这三个人是卡尔·考茨基、弗兰茨·梅林和克拉拉·蔡特金。对于俄国社会民主工党产生分歧的

● 1914年8月，列宁在波兰的扎克帕内。从1895年在圣彼得堡工人阶级解放斗争协会里，25岁的列宁就已经被同志们称为"老头子"，此时44岁的列宁可谓是名副其实的老头子了

● 1914年夏天，列宁在波兰扎克帕内附近的山间散步。流亡期间的散步只是一种消遣，列宁的心思一刻也没有离开革命事业

事实，考茨基深感无奈，在数次希望将布尔什维克和孟什维克拢在一起的想法破灭后，考茨基和梅林以健康原因提出不再管理财务，并且要求两个党派联合起来，否则将拒绝归还全部款项。迫于压力，列宁同意布尔什维克参加俄国社会民主工党所有党派参加的全体会议，以求"彼此交换意见"。

而列宁选派去参加此次布鲁塞尔全体大会的布尔什维克代表，正是伊涅萨。伊涅萨一度被秘密警察逮捕，并在狱中染上了肺结核。保释出狱后，1913年8月，她直接前往克拉科夫去见列宁，却扑了个空。此前娜杰日达的病情益发严重，两人曾特意去瑞士伯尔尼看病，医生说新鲜的空气对她有好处，所以列宁一家南下去了度假胜地扎克帕内。列宁很喜欢在山间漫步或者骑自行车运动。他们在扎克帕内住到10月初，才回克拉科夫过冬。他们肯定是特别喜欢扎克帕内，1914年又在这里度了个暑假。

列宁此时面临着信任危机。布鲁塞尔会议期间，他听闻布尔什维克的国家杜马代表中发生了严重内讧，马利诺夫斯基应该是背后的祸端，人们已经开始纷纷传说，此人是沙俄秘密警察派来的卧底，而这个传说后来被证实完全正确。马利诺夫斯基既是国家杜马，又是国家杜马布尔什维克的代表，几乎是沙俄帝国最活跃的布尔什维克。此时，他们两人站在同一战壕。列宁的政敌常常批评说，列宁太不会用人，他的亲信总有种种道德上的瑕疵。但列宁却宁愿相信马利诺夫斯基，认为他表现光明正大，组织能力和演说能力比其他所有国家杜马代表加起来都要更胜一筹，而且会使用俄罗斯工人喜闻乐见的语言，为什么不相信他呢？

结果是如此有讽刺性。1906年，在一次非正式的审讯中，社会革命党人断定领导各界人士参加"流血星期日"示威的牧师乔治·加邦是警方卧底，绞死了他。而在类似的党内审讯中，列宁和季诺维也夫却选择给予真正的警方暗探马利诺夫斯基信任。

在1914年混乱的夏天，列宁显然是失去了对政治一贯敏锐的感觉。6月到7月，圣彼得堡发生了多次反政府工人罢工，在机器林立的工厂里甚至一度出现了战壕。有理由相信，罗曼诺夫王室正在面临艰难的挑战，而每天都能看到俄国新闻的列宁却没有对此给予太多关注。他的脑袋里考虑的是其他事情：布鲁塞尔大会、考茨基、党内经费、伊涅萨和马利诺夫斯基。他的重心是要在与俄国和欧洲其他社会民主党派的论争中占得上风。他没有面对过的，是真正的战争、真正的饥馑、真正的贫困。

1914年8月，德国向俄国宣战。不过数日，德国与奥匈帝国和奥斯曼帝国结盟，英国和法国宣布将站在俄国一边。

此时列宁的处境相当不妙，因为他身在哈布斯堡王朝治下的加利西亚，离俄国边境只有十几英里远。宣战不久，哈布斯堡警方便开始搜查当地的俄国人，而列宁在这一带相当有名，他总有信寄往圣彼得堡，家里常接待俄国政治人物，他常常在山间徘徊，并且跟当地农民询问从一个村子去另一个村子走哪条路最方便，他了解当地的房屋租金、气候和种族。他还有一把勃朗宁手枪。他很容易被当地警方断定是俄国间谍，而反过来，假如此地被俄军占领，他又很容易被俄国人当成卖国贼。

他们家雇用的女佣此时也开始跟邻居说三道四，幸好娜杰日达行事果断，她塞给用人一笔钱，给她买了张去克拉科夫的单程火车票。随后，他们开始化装潜逃，一路来到了中立国瑞士。

面对残酷的战争，绝大多数人，包括流亡海外的社会民主人士，都希望祖国能赢得战争，而列宁却不遗余力地宣传沙俄战败论，并且认为整个欧洲大陆都应乘此机会，化"帝国主义战争"为"内战"。他还创造了一个新口号：欧洲内战！在1913年给高尔基写的信中，他就曾表达过自己的想法："奥地利和俄国的战争对于（整个东欧的）革命来说非常有用，但这并不是说，弗朗兹·约瑟夫（哈布斯堡君主）和尼古拉夏（列宁给沙皇起的外号）会主动带给我们这种快乐。"

战争带来的生灵涂炭，列宁很清楚。在途经克拉科夫时，他曾亲眼看见医院里挤满了伤病员，在瑞士时两名俄国伤员也曾跟他讲述过战争中的经历，但他对此似乎并不关心。1891年到1892年伏尔加河流域发生的大饥荒，1904年到1905年俄日战争带来的创痛，乃至此次大战造成的参战国人员的大量死伤，他都异常清楚，却忽略了。

列宁的脾气变得越来越暴躁，他执意希望俄国战败的态度，以及对党内同志的刻薄，都让不少人感觉非常不舒服，连他的姐姐安娜也注意到了这一点，这位一直以弟弟的事业为重的长姐有一次甚至说："我被你吓坏了：现在跟你在一起，我什么话都不敢说了。"中央委员会俄国支部的领导人亚历山大·施略普尼柯夫逢人便抱怨列宁对布尔什维克同志的态度。安娜对此也表示认同。这让列宁大为光火，指责姐姐"从来就不明白政治是什么"。安娜的结论是，弟弟已经不能完全控制自己的情绪了。

列宁自己的日子也确实不好过。1915年3月，他的岳母在瑞士伯尔尼病逝。这是少数几个对列宁不那么驯服的女人之一，但她赢得了列宁对她的无限尊重与怀念。他的母亲这些年来，身体也一直不好。玛丽亚是个伟大的母亲，她一直无条件地支持着儿女们的事业，在孩子们相继走上革命道路后，她靠着勤俭持家，靠遗产与丈夫的抚恤金不断给几个孩子寄钱；而在孩子们陆续被当局流放后，只要有可能，她总会陪着子女们一起去流放。这当中唯一例外的是列宁，他梦想着自由，所以1897年去西伯利亚流放，包括次年结婚时，他都没有请母亲前来，也没有带着母亲去海外流亡。母亲在1903年和1910年，分别去法国和瑞典看望儿子。跟小女儿不一样，在最终看到心爱的儿子时，她并没有"尖叫着冲上前"。她深爱着孩子，但她的方式很含蓄，只是为儿子买了条毯子，敦促他多吃点儿：在母亲眼中，儿子实在是太瘦了。在1916年7月，母亲以81岁高龄逝世。

对于无休无止的论战，列宁自己实际上也颇感疲惫，在给伊涅萨的信中，他罕见地流露出了自怨自艾的情绪：

> 这个，恐怕就是我的命运。一场战役接着又一场——跟政治白痴、庸人、机会主义者们作战。从1893年起就已经是如此。也正因为这个，那些庸常之人才会如此仇恨我。啊，纵使是这样，我也不愿意用这样的命运，去换得庸人们与我的"和平"。

1917年1月，列宁在苏黎世面对瑞士青年共产主义革命者时，做了恐怕是他平生最悲观的演讲：

> 我们这些老人，恐怕没法活着看到将要爆发的革命的决定性战役了。但我深深相信，瑞士和全世界年轻人在共产主义运动中将继续做出伟大贡献，你们不仅将快乐地战斗下去，而且将在未来的阶级革命中取得胜利。

一段时间以来，列宁心情低落。1917年新年后，他在私人信件里透露："我不想去日内瓦：因为（1）我身体不好，神经很紧张。我现在害怕上台演讲。（2）我已经定好在1月22号做一个演讲了，而且得准备一个德语的演讲稿。所以，我现在不敢打包票自己能来。"

他的热情转到了书本上，从1916年底，他开始做起了哲学和全球资本主义经济专题研究，最后的笔记引述了148本书和232篇论述。

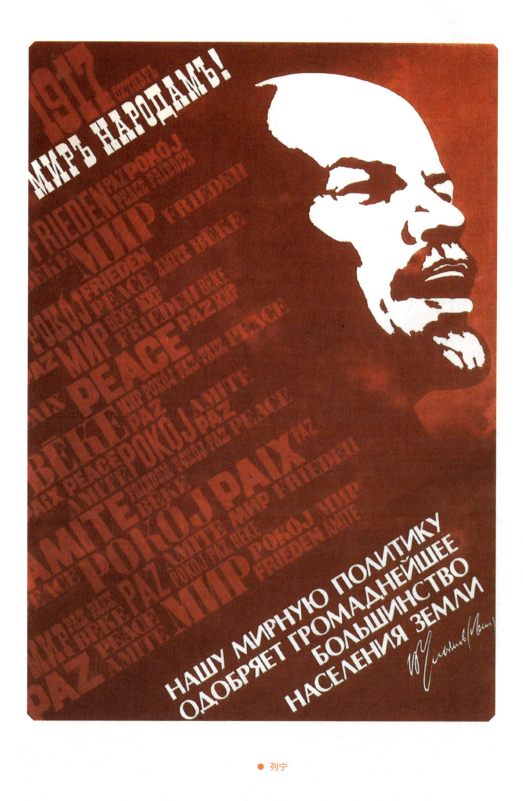

● 列宁

Ле́нин

第三章

列宁 Ле́нин (1870—1924)

国家与革命

100
"他就像一头蛮牛一样冲锋陷阵"

107
从斯德哥尔摩购回的油漆匠佩戴的帽子成了革命的象征：列宁帽

"他就像一头蛮牛一样冲锋陷阵"

1917年2月底,革命始料未及地爆发了。在彼得格勒,由女纺织工人掀起的罢工浪潮持续数日,冶炼厂的工人紧随其后。但首都的政治团体,包括孟什维克、布尔什维克和社会民主党人起先都没有在意——1915年底和1916年底,也都爆发过大规模罢工,但被秘密警察迅速镇压,他们觉得这次应该也是一样。

他们的预判是错误的。首先,由于工人对工厂恶劣的环境和粮食短缺怨声载道,这次的罢工比以往任何一次都要激烈;第二,沙皇尼古拉二世此时不在彼得格勒,而是在莫吉廖夫州的前线亲自督阵,秘密警察缺少了主心骨,很快就发现无法压制住市民暴动。听到消息的尼古拉二世陷入恐慌,3月2日,他宣布退位,由患血友病的儿子阿列克谢继承王位,随后又将王位转交给弟弟米哈伊尔。这样的姿态对于起义者来说显然是不够的。政权很快又被移交给第四届国家杜马的领导人。自1613年起统治俄罗斯的罗曼诺夫王朝终于被推翻了。

首都的消息传到苏黎世时,俄罗斯的流亡者们半信半疑。头几天,列宁照旧是吃完午饭径直去图书馆。一直到了3月初的一天,一位名为

● 1917年，列宁在瑞士苏黎世，常年在国外的流亡经历使得他眼角的皱纹更加凸显。进入1917年后，列宁的穿着打扮跟以前不太一样了

M.G. 布朗斯基的同志在瑞士当地的报纸上，读到了罗曼诺夫王朝已经被推翻的新闻。他带着报纸冲到列宁家，发现列宁竟然一副无动于衷的样子，就尖叫起来："你难道什么事情都不知道吗？"列宁夫妇跑到湖边，那里有一排阅报栏，他们可以将这里的报纸跟布朗斯基带来的报纸做一番比较。最终他们确定，布朗斯基没有夸大其词。他们又惊又喜，又互相把新闻给对方念了好几遍。再不需要有任何怀疑了：革命已经爆发了。那个对列宁的哥哥亚历山大毫不手软的沙皇，他的儿子已经成了普通平民。

列宁想要回家，但难度不小，由于整个欧洲中线都在作战，他在没有征得协约国许可的情况下，没法经由法国和北海前往俄罗斯，由地中海进入俄国同样不可能。列宁想了好些"馊点子"，其中一个是化装成又聋又哑的瑞典人，坐火车从德国去丹麦，再取道荷兰，最后到达彼得格勒。娜杰日达反驳说，只要他晚上说一句梦话，他们就全完了。他还想到要包架飞机——这在当时是极不安全的交通工具——飞到东线。有人指出，这时没有一架飞机能飞这么远，而且在战时，任何一架飞机飞到敌境上空，都会被立刻轰下来。

那么，唯一的办法就是找德国政府帮忙了。瑞士左翼人士弗里兹·普拉顿居中斡旋，找到了德国驻伯尔尼大使斯韦特·冯伯格，最终德国人同意：所有俄国政治流亡人士都可经由德国回国，而且德国不要求以此作为互相交换战俘的条件。列宁闻讯狂喜。最后，32 名俄国人走上归途，列宁和季诺维也夫要求所有人支付自己的费用，务必不能接受德国人的援助。这批人并不仅限于布尔什维克，一位犹太民主运动的女领导人就带着她四岁的儿子罗伯特同行。3 月 27 日，大家在苏黎世会合，开始了归乡路。

列宁一路上被折磨得不轻。由于神经衰弱，他憎恶嘈杂的环境，可就在隔壁包厢，拉德克、格利高里·萨法洛夫、奥尔加·拉维奇（萨法洛夫的年轻妻子）和伊涅萨·阿尔曼德却又是唱，又是逗乐子。列宁再也忍受不了了，夜里他冲进包厢，对着奥尔加大发脾气。事实上最吵的人并非奥尔加，而是拉德克。可列宁只能把怒气发泄在奥尔加身上，因为她是年轻女性，又没有政治资历。他也不能找伊涅萨的茬子——他俩有那么多感情纠葛，生怕伊涅萨会在盛怒之下说出些什么。不过这次列宁并没有成功，一个包厢的人都在帮奥尔加，他铩羽而归。

3月31日，一行人乘夜班火车从斯德哥尔摩一路北上前往荷兰。上车前他们买了一叠报纸。这次与列宁夫妇同坐一个包厢的是格鲁吉亚的布尔什维克大卫·苏利亚什维利，他注意到列宁迅速翻阅着俄国报纸，无法抑制自己对孟什维克的反感，叹道："哎，这些无赖……哎，这群卖国贼！"几小时后，火车抵达荷兰边境，他们随后转车去赫尔辛基。列宁在站台上买到了几份近期的《真理报》，在候车室里，他读着报纸，遭到了两次打击。第一个是马利诺夫斯基被确认是秘密警察暗探。季诺维也夫注意到了这一刻："有好几次，伊里奇都把话题重新拉回到马利诺夫斯基身上。他说话急促，几乎是在轻声耳语。他直勾勾地盯着我的脸。说：'这真是个无赖！他骗了我们那么多人。卖国贼！毙了他还算便宜的！'"第二个打击，是由列夫·加米涅夫和约瑟夫·斯大林所领导的布尔什维克中央委员会决定有条件地支持俄国过渡政府。在芬兰和俄国边境时，碰到接站的加米涅夫，列宁很不客气地表示："你们在《真理报》上写了些什么玩意儿？我们看了几份报，对你可真是什么绰号都起出来了。"

4月3日深夜，当列车驶近首都时，列宁的情绪益发急躁。他害怕自己一下车就会被捕，加米涅夫只好一再跟他保证，他现在已经安全了。加米涅夫是对的。布尔什维克领导层甚至在首都的芬兰火车站搞了个欢迎仪式，来自彼得格勒苏维埃的孟什维克和社会革命党人也都前来参加。在火车站外，聚集了自发前来欢迎流亡者的工人和士兵。随着汽笛尖厉的呼啸声，火车终于进站了。大部分人以前都没有亲眼见过列宁，他们开始往前簇拥。他终于来了。经过10年的海外漂泊，列宁终于重新踏上

● 1917年4月17日（俄历4月4日），
列宁在彼得格勒的塔夫利达宫宣读《四月提纲》。
二月革命爆发后，得到消息的列宁回到国内。
经过海外10年漂泊，列宁终于重新踏上了俄罗斯的土地

了俄罗斯的土地。

回家后,他与姐姐、姐夫住在一幢房子里。列宁马不停蹄地前往公墓,给母亲与妹妹扫墓。

在从瑞士到俄国的火车上,列宁开始起草今后的纲领,他称之为《四月提纲》。提纲一共分10条,在火车即将到达彼得格勒时,他还在不断润色,务必要让句式简短而有力。他想让所有左翼人士听到自己的声音:他们不能安于现状,不能满足于现在的俄国过渡政府,帝国主义战争也必须结束。

4月4日,列宁一连开了三个会,先是对布尔什维克彼得格勒委员会,再对全国布尔什维克代表,最后是对俄国工兵代表苏维埃的所有马克思主义代表,讲述了《四月提纲》的主张。绝大多数人在听到他的发言后,第一感觉都是震惊:他就像是一头蛮牛一样冲锋陷阵,批评一切与临时政府妥协的孟什维克和社会民主党人;他热烈号召俄国放弃战争,并且呼吁将革命之火燃烧到整个欧洲。在前两个会议上,他并没有听到多少批评——原因是他已经讲了一个半小时,而且接下来还要赶去开别的会议——而在最后一次会议上,不少人都指责他,冲在前面的是彼得格勒苏维埃的孟什维克领导人采列捷利,他强调夺取政权的时机尚未成熟,并且表示希望成立统一的马克思主义政党,表达愿与列宁合作的意愿。而列宁猛地站起身来,大叫道:"永不!"布尔什维克与孟什维克看来很难在短期内弥补裂痕。会议结束时,大会主席尼古拉·齐赫泽忍不住调侃了列宁一句:"列宁可以孤独地转身于革命之外,而我们大家可以一起向前冲了。"

但列宁并不觉得孤独。对在彼得格勒头一天的工作,他感觉很满意,并且打算自己坚持下去。他在大型集会上演讲。他为《真理报》撰文。他参加并主持布尔什维克中央委员会会议。他不断打听外省的消息。他一直留意欧洲各地的军事和政治局势。他希望将《四月提纲》作为布尔什维克的革命纲领，但也并不是一点妥协都不肯做。他认识到并非所有支持临时政府的人都是彻底的资本主义者。他知道大部分工人和士兵都希望战胜德国。他也认识到自己原来的政治口号"将帝国主义战争转变为欧洲内战"，并没有得到大多数人的支持；也不是所有人都欢迎他"革命战争"或"专政"的主张。虽然他自己对这些信念深信不疑，他还是愿意将口号改写得更温和些。

　　形势开始对他有利起来。立宪民主党的议员米留可夫在临时政府任外交部长，由于他向协约国表示，政府将继续支持尼古拉二世的战争目标，4月20日至21日，首都爆发了大规模的反战游行。米留可夫和古契柯夫这两位支持立宪的临时政府成员被迫辞职。在4月24日的布尔什维克大会上，列宁抓住机会，厘清了党内疑虑。与此同时，由于多年饥荒和工商业萧条，加上战事失利，形势开始对左翼派别有利。

从斯德哥尔摩购回的油漆匠佩戴的帽子成了革命的象征：列宁帽

进入1917年后，列宁的穿着打扮跟以前不太一样了。在离开瑞典前，他在当地买了全新的西装、鞋子和帽子，不再穿那双厚重的山地靴。他的西服跟俄罗斯大多数政治人物的衣服差不多，但帽子令他超脱出来。跟其他人戴的一板一眼的毡帽不同，他这顶帽子软塌塌的，带点"无赖气"。有人说这帽子类似于同时代俄罗斯工人的帽子，但其实这顶购于斯德哥尔摩的帽子，在世纪之交时主要是北欧的油漆匠们佩戴的。世人不管那么多，这顶帽子一时间成为时尚，后人称之为"列宁帽"。

到了五六月，布尔什维克的政策已经非常明确，布尔什维克与孟什维克第一次清楚地割裂开来，而布尔什维克的领导人自然非列宁莫属。妻子娜杰日达注意到，他越来越疲惫：

> 他回家时，并没有欢欣鼓舞，而往往是精疲力竭。
>
> 那段时间他一直特别累，我都不敢再过问他工作上的事情。我们散步的习惯也被打破了。一开始我们喜欢去涅瓦河边上的叶拉金岛，但发现那里挤满了人。我们只能改成去卡尔波夫卡

> 河岸边走走停停。最后我们在彼得格勒要塞边,找到了几条僻静的道路。

没有了阿尔卑斯山的新鲜空气,没有了徜徉山间的乐趣,没有了独自一人的自行车之旅,列宁只能在城里的街道上走一小阵。

但列宁渐渐可以将布尔什维克中央委员会的部分工作移交给他的同志们了。斯维尔德洛夫在行政方面很有天赋。加米涅夫负责彼得格勒苏维埃的日常工作。斯大林已经可以胜任大部分任务。季诺维也夫是个极富煽动力的演说家。党内也开始吸收一些原本不接受布尔什维主义的马克思主义者,其中一个是曾和罗莎·卢森堡紧密合作的波兰人费利克斯·捷尔任斯基。不过,托洛茨基的回归才是最让人震撼的消息。1917年5月,托洛茨基从北美回到俄罗斯,他痛恨临时政府,而布尔什维克是反对临时政府的唯一大党,他因此相信,列宁是在继续加强贯彻着他们共有的信念。托洛茨基与不少人都曾经交恶,列宁此时的主要工作是给大家做思想工作,令他们接受原来的政敌。当然,列宁又一次成功了。

6月间,列宁组织首都工人进行了数次大规模罢工和示威游行,临时政府终于被他和布尔什维克激怒了。7月5日,《现代言论报》在临时政府授意下,刊出了列宁是德国间谍的消息。同一天早上,《真理报》编辑部被搜查。次日,布尔什维克中央委员会办公室被搜查。布尔什维克党人开始四处藏匿。7月6日,对列宁、季诺维也夫和加米涅夫的逮捕令下发,一队人马奉命搜查了列宁大姐安娜的公寓。当时,列宁已经逃走,留下妻子和妹妹玛丽亚、姐夫马克在家。结果军人们误把马克当成列宁带走——马克长得又高又壮,跟列宁一点都不像,他被误认为是列宁,就可以看出此时布尔什维克的宣传攻势还不够强大,在城里,没几个人知道列宁真正的长相。

7月7日,列宁与季诺维也夫夫妇潜入革命同志阿利鲁夫一家的公寓。他们在前两天刚刚租下了这处房子，所以警方应该不会迅速摸到这里来。房间很大，大部分时间，列宁都在自己的小屋里照常工作。阿利鲁夫家的孩子们都记得，在列宁的房门后面，"从白天到黑夜，都会传出钢笔在纸面上刷刷作响的声音"。

久居彼得格勒非长久之计。7月9日，列宁和季诺维也夫被护送离开彼得格勒。为了安全，两人都没有带上妻子。临行前，列宁觉得他得做点"易容"术。阿利鲁夫的妻子奥尔加新近拿到了护士资格，她拿绷带将列宁的脸和头包了个严严实实。但列宁照照镜子，觉得这比他不化装还容易受到别人注意，恐怕刚走出公寓大门就会被人盯上。

他自己的想法很简单：将胡子剃干净。不知道为什么，他决定将此事假手于他人。来此看望列宁的斯大林担负起了这项重任。剃完后，列宁审视了一番，说："现在非常好，我看起来就跟芬兰农民一样，不可能有人能认出我。"为防万一，他又借用了阿利鲁夫的大衣和帽子，因为他本人在斯德哥尔摩的那套行头早已经被人熟知。随后，列宁与季诺维也夫在钢铁工人尼古拉·叶梅利亚诺夫的陪同下，步行来到谢斯特罗列茨克车站。此时正是盛夏，火车上挤满了要外出去海边度假的中产阶级乘客。列宁他们没有引起任何注意，夜晚时分来到了西部的拉斯利夫，叶梅利亚诺夫在这里有一处房产。

次日，列宁投入工作，他的首要任务是要向中央委员会阐述他的战略思想。彼得格勒的武装示威已经被镇压了。坚持继续将"一战"进行到底的原临时政府海军部部长克伦斯基升任总理，虽然他想要将社会民主人士收入内阁，但同时也在全力对付布尔什维克领袖，如今托洛茨基、亚历山德拉·柯伦泰和加米涅夫都已经被关入大牢。列宁指出："所有对俄国革命和平发展的期望都已经彻底化为泡影……克伦斯基已经建立起了军事独裁，苏维埃成为反革命的遮羞布。"列宁号召布尔什维克抛弃"一切权力归苏维埃"的口号，努力准备"武装起义"，并围绕这个目的建立一个新组织。7月13日，在列宁缺席的情况下布尔什维克召开了中央委员会会议，他的想法并没有得到支持，斯大林对此的解释是："我们在苏维埃中已成为多数党，所以应继续坚定不移地支持苏维埃。"

住在茅草屋里，列宁继续写作《国家与革命》，闲暇时和季诺维也夫一起帮叶梅利亚诺夫刈草，还一起去游泳。生活几近平安无事，只有一回季诺维也夫捅了娄子。他出门打猎，结果撞到了守林人阿谢诺夫，对方要他交出猎枪。季诺维也夫情急之下装成是不懂俄语的芬兰人，幸好阿谢诺夫没有再纠缠下去。此后，季诺维也夫再也不敢出门打猎。

最可怕的是蚊子。叶梅利亚诺夫回忆说：

> 最难忍的是夜晚：这些蚊子咬起人来毫不留情。不管你怎么躲藏，它们总有本事咬到最想咬的地方，而且会不停地咬下去。对此，你毫无办法：只能屈服。

只有下雨时，情况才会稍有好转，而1917年的夏天恰巧非常多雨。但暴雨同样会带来问题，因为他们的茅草屋会在顷刻间变成水帘洞。在又湿又冷的情况下，列宁和季诺维也夫根本不可能再去想如何闹革命，所以他们只能再找其他住处。

在中央委员会的帮助下，他们搞到了两顶假发，准备化装逃到芬兰。为了防止政治犯潜逃，克伦斯基的内政部长已经下发命令，禁止出售和出租假发，但彼得格勒的布尔什维克工人们以为铁路工人排练话剧为名目，还是成功地将假发弄到了手。接下来，列宁和季诺维也夫又戴着假发，拍了照片，并制作了假证件。在叶梅利亚诺夫、芬兰布尔什维克埃诺·拉贾和亚历山大·肖特曼的护送下，他们前往边境火车站。这一路走得很不轻松，他们先是在树林里走散，接着又要穿过一大片泥煤地，而且肖特曼只为大伙儿准备了三条小黄瓜，连块面包片儿都没有。几小时

● 1917年8月,为了躲避临时政府对自己的追捕,列宁潜入芬兰境内。这是他的假身份证件上的照片

1917年8月,为了躲避临时政府对自己的追捕,列宁潜入芬兰境内,这是他的假身份证件上的照片。

6月间,列宁组织首都工人进行了数次大规模罢工和示威游行,临时政府终于被他和布尔什维克激怒了。7月5日,临时政府授意某报纸刊出了列宁是德国间谍的消息。同一天早上,《真理报》编辑部被搜查。次日,布尔什维克中央委员会办公室被搜查。布尔什维克党人开始四处藏匿。7月6日,对列宁、季诺维也夫和加米涅夫的逮捕令被下发。

7月9日,列宁被护送离开彼得格勒。临行前,列宁觉得自己得做点易容术:剃干净胡子。列宁请来看望他的斯大林担负这项重任。剃完后,列宁审视一番,说:"现在非常好,我看起来就跟芬兰农民一样,不可能有人能认出我。"

后，又累又饿的一行人总算听到了远处传来的火车汽笛声。可是很快他们发现，这并不是他们想去的那个火车站，兴奋之情立刻化为沮丧。列宁对肖特曼大发其火，后来肖特曼回忆：

> 列宁应该是气极了：他对我们的组织不力给予了最疯狂的谩骂。你们总该准备一张详细的地图吧？为什么我们不先研究一下路线？你们的准备工作是怎么做的：为什么只能找到一个"貌似"火车站的地方？为什么工作做得这么不仔细？

列宁藏匿于芬兰期间，爆发了"科尔尼洛夫事件"。俄军统帅科尔尼洛夫与克伦斯基在向苏维埃施加压力方面，本有默契，但克伦斯基也注意到了科氏在右翼政治与军事圈中的威信，对其渐生戒心。8月28日，克伦斯基预见到了即将到来的叛乱，要求科氏推迟镇压。科尔尼洛夫以克伦斯基不能胜任总理职位为由，把亲信部队克雷莫夫的哥萨克第三骑兵军和由高加索山民组成的"野蛮师"调往彼得格勒，不仅要镇压工兵代表苏维埃，而且向临时政府发出最后通牒，逼临时政府成员全体辞职，并把全部政权转交给他。克伦斯基不得不求救于苏维埃，而社会革命党人和孟什维克掌权的苏维埃又不得不借重于布尔什维克党。布尔什维克同克伦斯基、社会革命党和孟什维克结成暂时联盟，共同对付科氏。9月12日，科尔尼洛夫被撤职并被逮捕。叛乱被粉碎，布尔什维克党也由此重返公开的政治舞台。

列宁闻讯狂喜，在《关于妥协》一文中，他指出"科尔尼洛夫事件"给了布尔什维克推进革命和平发展的可能性。但到了9月12日，他的态度突然发生了巨大转变，在给布尔什维克党中央委员会、彼得格勒委员会和莫斯科委员会的信件中，列宁敦促道："要立刻在莫斯科和彼得格勒苏维埃夺取政权（至于先后次序则无问题，甚至莫斯科也可以率先完成），我们必须也将无疑地取得胜利。"但中央委员会并未讨论列宁关于推进暴力革命的观点。到了9月13日，他又去了一封更长的信，标题为"马克思主义与起义"，指出：此时工人阶级已经站到党的那一边；人民普遍支持革命，而布尔什维克党的政敌已经因为自己的犹豫不决而走入死局；革命是必须的。

9月15日，在托洛茨基和加米涅夫两位被释放的领导人参与的情况下，中央委员会讨论了列宁的这两封来信。大部分人都深感震惊，由于担心信件的内容被克伦斯基得知，大家决定只保留一份手抄件，其余函件全部烧毁。立刻举行起义将有可能置布尔什维克于险境。大部分苏维埃的领导权仍掌握在孟什维克和社会民主党手中，尝试夺得彼得格勒苏维埃领导权，不仅将引起这些政党的强烈反弹，也会给克伦斯基一个充分的理由，将布尔什维克彻底消灭。

但列宁并不愿意退让，他知道他一定可以在工人和士兵中找到同盟军。一直对他极其忠诚的妹妹玛丽亚，违背了中央委员会的命令，将列宁的几封信件传递给了彼得格勒委员会。列宁想亲身参与决策，但遭到中央委员会的拒绝。列宁闻后大怒："我决不会善罢甘休！决不会善罢甘休！"他一再对肖特曼表示，共产主义革命将会轻松取得成功，因为工农兵都将站在布尔什维克党的这一边。挤了挤左眼，列宁反问道："到了那时候，还有谁能反抗我们？"

不顾党的纪律，列宁还是执意要回国，他找到了芬兰的一个假发商人，弄到了另一顶假发——这里的假发大多需要定做，唯一适合列宁头型的是一顶银白色的假发，老板对此很不满意，觉得这假发更适合六十多岁的老人。没过几天，列宁就出发了。10月初他回到了俄罗斯，10月10日深夜，他组织中央委员会召开了一次会议。这场会议的结果是，列宁说服了大部分与会人员，中央委员会同意将目前的重心转移到准备起义的"技术层面"上。仅有的两个投了反对票的人是加米涅夫和季诺维也夫，他们联名向党的各个委员会去信，认为目前工农并不会支持布尔什维克暴力夺权，单凭投票选举，布尔什维克也有望在10月底到来的全俄苏维埃大会上成为多数党，同时他们表示，列宁认为欧洲共产主义革命即将到来的信念过于乌托邦。

10月16日，又一次中央委员会召开。出于安全考虑，会议仍然在深夜进行，而且列宁是戴着假发推迟入场的。站在讲台上时，列宁显得愤怒而急切：

> 现在的形势很清楚：要么是克伦斯基独裁，要么是无产阶级和贫农专政。我们不可能受大众情绪的驱策，因为民众的情绪总是变来变去无法准确估量；我们必须要根据对革命形势的客观分析与评判，来制订相当的对策。现在，民众全心全意地信任布尔什维克，希望他们不仅有语言，也有具体的行动……

一部分听众表示，他们非常想支持列宁，但认为工人和士兵并不想参加暴动。而加米涅夫与季诺维也夫继续重申他们的疑虑。列宁一时间备感沮丧，拽下了假发套，但最终对他的支持占据了上风。最后有19位委员投了赞成票，两位反对，还有四位弃权。

从政治上来说列宁非常兴奋，但他的身体极其疲惫。凌晨3点会议结束后，他又花了两个小时才回到寄居的费法诺娃家。列宁觉得护送自己的随员很不尽职。而且那夜风雨交加，他的帽子和假发都被吹到了地上，沾上了泥水。费法诺娃用热水将它们涮洗干净了，但列宁的情绪还是久久不能平复。

● 列宁格勒街头的海报(1971年)

Ле́нин

第四章

列宁 Ле́нин (1870—1924)

118

苏联的诞生

- 120　列宁在想象并制造一个全新的国家,尽管这是一个陌生的婴儿
- 130　对于反对自己的声音,列宁永远不留情面
- 137　克里姆林宫的新主人
- 141　革命者决定处决整个沙皇家族
- 147　刺杀列宁事件
- 163　无产阶级专政的发明者
- 180　苏俄的内战
- 208　"革命之神"的 50 岁生日
- 220　败局与求和
- 240　伊涅萨去世
- 246　社会主义试验

▌列宁在想象并制造一个全新的国家，尽管这是一个陌生的婴儿

1917年10月24日至25日夜间，彼得格勒街头发生了暴力示威。军事革命委员会命令士兵和赤卫队攻占了部分区域。克伦斯基随即关闭了布尔什维克的《工人之路报》，升起了涅瓦河上的吊桥。托洛茨基认为，真理已经站在了革命人士这一边。

列宁在24日来到斯莫尔尼宫。这一幕在很多人眼中或许颇不协调。1917年以前，这座建筑是专供上流社会女子就读的女子中学，由意大利建筑师设计，古希腊风格的柱石和宽大的厅堂，象征着一个时代的特权、传统和权力。而现在，当列宁大步流星地走进斯莫尔尼宫时，它成了革命的大后方。列宁冲进了71号房间，坐在桌子边上。此时，人们正在混乱地筹备着苏维埃第二次代表大会。这一夜，代表们不安地穿梭往来，整个宫殿充满了人们焦急的耳语声、靴子声，到处是香烟的浓雾。所有人都知道，这次会议的结果，将决定革命的进程，也将决定临时政府的命运。

列宁与同志们坐在一起时，门被推开了，走进来的是孟什维克的费奥多尔·丹、社会革命党的亚伯拉罕·高茨和犹太工人总联盟的马克·李

伯尔，这三位都是各自所在派别的领导人。他们并未观察到屋子里的人，随意地将大衣挂了起来，然后拿出了面包、香肠和奶酪，准备和大伙儿一起大嚼。列宁笔直地坐着，希望假发和头上的绷带可以掩饰自己的身份，但丹和朋友们可不是傻子，他们很快就认出了他。三人立刻一言不发退了出去。作为温和派的代表，丹、高茨和李伯尔遵循着政治礼仪：他们不想在私下里与列宁大吵大闹，宁愿在公开的民主大会上表达异议。列宁大笑起来，他的同伴们也随即笑出了声。

下午2点35分，在斯莫尔尼宫的大厅里，彼得格勒苏维埃召开了紧急会议。主持人是苏维埃主席托洛茨基。他的开场白非常经典："克伦斯基的政权已被推翻。一些部长已经被捕。另一些还未被捕的，也将很快被捕。"

随后托洛茨基宣布，接下来最适合做演讲的莫过于列宁。掌声持续了几分钟。列宁带着胜利的兴奋讲道：

> 同志们！布尔什维克始终在谈论工农革命的必要性，而今，革命终于成功了。
>
> 此次工农革命有何重要性？首要的一点是，这次起义后，我们将建立一个苏维埃政府作为我们自己的权力机构，任何资产阶级都不得参与其中。被压迫的人民大众将自己建立自己的权力。旧的国家机器将从根源上被摧毁，新的行政机构将会以苏维埃组织的形式创建起来。

孟什维克党的左翼人士尼古拉·苏哈诺夫在列宁演讲到中途时走进大厅，他被震撼了：

> 当我走进去时，看到台上站着个秃顶、胡子刮得很干净的

● 1917年11月8日,列宁在斯莫尔尼宫召开的第二次全俄工兵代表苏维埃大会上演讲

> 男人，看起来很陌生。但他说话的嗓音沙哑而洪亮，每句话的尾音都发得很重，这又让人感觉很熟悉……啊，他是列宁。经过4个月的躲躲藏藏，他的长相简直是变了一个样。

25日这一天，列宁一直保持着克制与低调。他尽量避免抛头露面，也没有签署任何公开声明。在苏维埃代表大会上，代表布尔什维克和左翼社会革命党的人物是托洛茨基而非列宁。

在台上，马尔托夫大声疾呼，要求和平结束目前的危机。随后，正如列宁所预料的那样，反对暴力起义的孟什维克、社会革命党人和犹太工人总联盟的代表鱼贯走出会场。马尔托夫和其代表的孟什维克国际代表也陆续退出。托洛茨基强烈地谴责了这些人。列宁对此乐见其成。

暂居在同志邦契-布鲁耶维奇家中，列宁继续撰写党的纲领，他连续写出了《和平法令》和《土地法令》这两部在20世纪世界史上具有深远影响的法案。但列宁的任务并不仅仅是建立一个新政府，推进共产主义改革，他还要订立一系列区别于沙皇尼古拉二世、里沃夫亲王和克伦斯基既有政策的新政策。他希望自己的信息可以广泛而迅速地传播出去。他请邦契-布鲁耶维奇将自己的这两本法令印刷成册，此外还请他去书店，将已经过期的1917年日历折价全都买回来。对于这个要求，邦契-布鲁耶维奇很是奇怪。列宁仔细地解释说，工人和士兵们都喜欢抽烟卷，但常常弄不到卷烟的纸，假如小册子发出去，也许很快就被包了烟丝，所以在发放重要文件的同时，需要为布尔什维克党的支持者们准备充足的备用纸张。

10月27日，列宁又进一步签署了《出版法令》，这是政府制定的第一份出版审查法令。任何"出版机构"一旦发表了反对人民代表大会的言论，将有可能被关闭。不过此时，比起保守派和自由派报纸，列宁更需要担心的是其他威胁。加米涅夫和其他布尔什维克党右翼人士则希望对列宁和托洛茨基的权力进行制衡。10月30日，加米涅夫甚至推出了一个计划，拉拢所有共产主义政党结为联盟，而把列宁和托洛茨基拦在这个联盟之外。

但列宁完全不以为意。11月1日，在布尔什维克中央委员会上，列宁与托洛茨基宣布，他们将向其他各政党发出最后通牒，只有在其通过布尔什维克制定的政策的前提下，才可以与其合作。孟什维克和社会革命党的领袖们，但凡与列宁打过多年交道的都知道对于列宁的提议，他们不可能说不。

列宁在不断制定和完善各种政策，他正式成为人民代表大会的领袖，此时，他提出，十月革命的果实必须得到彻底的保护，因此需要成立"全俄肃反特别委员会"。在他的推荐下，捷尔任斯基任委员会主席。列宁对该委员会的职责解释为"肃清反革命和怠工行为"。这个定义过于宽泛，为其独立于人民代表大会自由运作提供了空间。这个委员会于12月9日成立，俄国人简称之为"契卡"。

革命如何继续进行？如何保护革命的火苗？这些问题困扰着列宁。人民代表大会和布尔什维克中央委员会的其他委员们当然也在思考这些问题，不过他们大多局限在各自负责的领域里，只有托洛茨基拥有与列宁一样的全局观。但列宁并不是特别欢迎这一点，他宁愿托洛茨基把重点放在日常事务管理上，而由自己进行独立思考。布尔什维克没有太多的行政管理经验，有几个委员对此总感觉缩手缩脚，列宁的回答很简单："我们中有谁曾经干过这个？"

布尔什维克和左翼社会民主党人仍然保持着乌托邦式的乐观。他们相信欧洲共产主义革命已经迫在眉睫，而俄罗斯的革命转型将会相当迅捷而轻松。托洛茨基以头脑冷静著称，然而连他也认为，自己只需要秘密会见各位头头脑脑，签署尼古拉二世和协约国的撤兵协议，就定然会结束战争。

列宁固然也保持着乐观，但有几件事令他烦忧。1917年夺取权力后，他就在期待布尔什维克及其联盟能在宪法选举中获胜。此外，他还担忧经济形势，开始怀疑工人阶级是否有足够的纪律性和责任感来推动工业领域进行革命。同时，他还怀疑俄罗斯以外地区的革命形势。看起来，乌克兰人和芬兰人并没有足够的民族自觉，借俄罗斯革命的东风来推动本国革命。更糟糕的是，德国、奥地利、法国和英国也没有如他预料般，掀起风起云涌的革命大潮。"欧洲共产主义革命"停滞不前，前往布列斯特-立托夫斯克与德国、奥匈帝国等国谈判归来的托洛茨基也带来坏消息：德国等国拒不同意俄国退出战争的要求。在1917年4月，列宁还曾批评过孟什维克和右翼社会民主党的"消极"情绪，指出共产主义革命将轻而易举地实现，而现在，他的工作是要说服布尔什维克的同志们，革命将比想象的要更加艰巨。

至少，列宁可以一边在斯莫尔尼宫附近散步，一边思考国家大局。自1917年11月10日起，他终于结束了寄人篱下的生活，与妻子娜杰日达·克鲁普斯卡娅一起搬到了斯莫尔尼宫一楼的两居室的偏房。房子虽小，却很舒适，娜杰日达这样回忆：

> 伊里奇和我总算在斯莫尔尼宫落下了脚。我们住的这间屋子，以前是位上流社会女士的房间。床边上有扇屏风。守卫很严密，在没有得到列宁本人签署的特别通行证的情况下，没有人能进我们的房间。

列宁夫妇的生活并不平静。他们的隔壁，是一间供人民代表大会开会使用的大会议室，走廊里的人一直川流不息。列宁自己的办公室是在北翼二楼的81号房间，如果他不在办公室，通常就在对面的接待室里与官员们会面。而克鲁普斯卡娅被任命为教育人民委员部副委员，同样工

彼得格勒，1918年1月。照片中的列宁面容祥和，胡子修剪得很整齐，神情自信而镇定。据曾与他紧密合作的马尔托夫回忆，列宁起初并无太多自信，也没有展现出卓越的政治领导家风范，但"从未见到他流露过对虚荣的贪慕"。然而十月革命胜利后，已经处于布尔什维克绝对领导地位的列宁是整个党和政府运转的中心，他知道自己将成为载入史册的人物。

刚刚诞生的苏维埃政权在饥荒、战争、霍乱和党内斗争中风雨飘摇，国家的舵手现在与其他同志一起，肩并肩面对危险。

● 彼得格勒，1918年1月，列宁此时已经成为名副其实的革命领袖。照片中的他面容祥和，胡子修剪得很整齐，神情自信又镇定，他决定将国家的命运紧紧系于自己身上（上图）

● 彼得格勒，1918年1月。列宁皱着眉，抿着嘴，眼角深陷，这是他常有的阅读文件和政令时的神态（下图）

作繁忙，也没法照顾丈夫。这并不仅仅是他的革命，也是她的；更何况，中央委员会的同事们坚决不同意克鲁普斯卡娅继续充任列宁的秘书。列宁与克鲁普斯卡娅是革命同志，但他们已经不再拥有亲密的工作关系。

没有女人照顾生活，据克鲁普斯卡娅回忆说，列宁生活得简直不像样：

> 简直没人替伊里奇操心。（他的保镖）吉尔泰谢夫给伊里奇送午餐、面包，每天定时定量就给那么点儿。有时候（列宁的妹妹）玛丽亚也会从家里带点吃的；但我不在家，没人整天替他操心这些事情。

克鲁普斯卡娅或许是在强调自己的重要性，以及玛丽亚的无能，但或许事实上，列宁身边的女人们此时都开始追求自己的政治生涯，而列宁的生活因此变得没着没落。他常常忘了吃东西，饿的时候只好去食堂，随便找块面包和腌腓鱼吃吃。他的身体变得更坏，头痛和失眠发作得更加频繁了。

有时间在一起时，列宁夫妇会出去散步——通常是由保镖吉尔泰谢夫陪伴。有一次，十几个主妇在斯莫尔尼宫外面对他们叫骂。事实上这些妇女并没认出列宁来：对所有走出这幢大厦的人，她们都是这么谩骂。

事实上反对列宁的声音并不少，而且态度非常直接。最著名的是社会民主党的报纸《人民运动报》，作者叶夫根尼·扎姆亚丁撰写了一系列讽刺短文，塑造出了一个叫希塔的人物，所有特征都直指列宁本人。这位希塔居无定所，是个可怜的秃顶小个子，他几乎一无是处，唯一能做的是在当地警察局里帮人抄抄写写。他有些很古怪的习惯，比方说在工作时喜欢喝墨水。他性格非常阴郁，在代表警察局去乡下巡查时，发现霍乱流行，于是他干脆下令所有人等不得惹上霍乱，违者要受鞭刑，而乡民们则"忤逆政府命令，纷纷染病死去"。最后，希塔本人化为一滴墨迹，渐渐消散。

对于作者的嘲讽，列宁本人倒并没觉得受到多少侮辱，他只是觉得所有批评布尔什维克的声音都应该被平息，越来越多持不同政见的报纸被关闭。

列宁的身体和心理都在承受越来越大的压力。人民代表大会和布尔什维克中央委员会的工作强度非常大，而且这种强度显然不可能在不远的将来减小。克鲁普斯卡娅对此心知肚明，早年他们在散步时，喜欢谈谈政治；而现在，他们在斯莫尔尼宫附近散步时，她尽量不让他再谈工作上的事情。他们的婚姻渐渐由爱情发展为互相理解、互相温暖的亲情。

他们的生活和工作越来越规律了。列宁请弗拉基米尔·邦契-布鲁耶维奇和尼古拉·戈布诺夫担任私人助理。他还有了私人司机斯蒂芬·吉尔。玛格丽塔·费法诺娃和另外两位年轻的布尔什维克党女党员是他的秘书。夫妻俩有自己的女佣，薪水由国家出，而且无论如何，现在列宁的伙食肯定比在芬兰潜逃那会儿强多了。

列宁夫妇宁肯住在斯莫尔尼宫，这固然有安全方面的考虑，而更重要的还在于，列宁觉得这里是大革命的心脏，他不愿意远离这个地方。除了偶尔出去开会演讲，列宁几乎不离开斯莫尔尼宫。政治占据了他的整个社交生活；就算是在度假时，他的生活亦与政治息息相关——甚至如他妻子所言，他连做梦时梦见的都是政治。因此，在十月革命后的这几个月里，生活在斯莫尔尼宫，给了他巨大的慰藉。他可以随时约见官员和各地的工人、士兵和农民了，比起17年的流放生涯来说，这是多么巨大的改变——终于不需要求助于隐形墨水、密码本和邮政局，他现在可以与同志们面对面地交流了。

12月24日，不堪重负的列宁带着妻子娜杰日达和妹妹玛丽亚出门度假，他们要去的是莫斯科以北七十多公里的一处芬兰小村庄。这里白雪皑皑，空气冷冽清新，列宁总算可以在乡间自由地走一走了。这样的时刻，对于他来说，也分外特别。他已经成为俄罗斯的一号人物，而且新近宣布俄罗斯不再统治芬兰。前往这座小村庄时，他们走的是合法出境口岸，但列宁不自觉地就联想到1907年和1917年两次非法潜入芬兰境内之事，还未离开莫斯科的土地，他就已经将声音压得又低又沉，生怕会被内政部的暗探看到似的。

虽说是来休假，但因为此地靠近极地，白昼的时间很短，列宁大部分时间还是老样子，关在室内写作思考。而且即便是在这里，他也没法逃脱人民代表大会的日常工作。刚到这里，他就接到斯大林的信件，请他务必在12月28日中午返回斯莫尔尼宫，请他详谈与乌克兰的双边关系。列宁拖到了12月29日才回去，但他的假日已经被毁了。他带了几份手稿回国，但因为内容太消极，最后并没有公开发表。

在这些手稿中，列宁要求苏维埃和其他组织要尽量少开会，因为已经在会议上浪费了大量时间。他还批评工人们太散漫了。目前正在罢工的印刷厂工人无异于地痞流氓，假如他们还要继续罢工，就应该立刻逮捕他们。苏维埃政权总体来说太过软弱。他这样阐述道：

> 每个人都应有面包、有耐用的鞋子和整洁的衣服，有温暖的房间，也应当自觉地工作；无赖们（包括所有逃避做任何工作的人）不可以随意晃来晃去，而应被送进监狱，或者被强制劳动，而且要做最繁重的体力活。

对于反对自己的声音，列宁永远不留情面

有人批评列宁是懦夫，无论是在尼古拉二世时期还是临时政府时期，他总是千方百计逃脱敌人的追捕，而让党内的其他同志承受个人风险。但从1917年10月25日起，他的态度开始转变。他现在是一场伟大革命的领导人。他知道自己将成为历史书中的人物。苏维埃政权持续一天，列宁和他的布尔什维克的成就便增添了一页。他现在与其他同志一起，肩并肩地面对危险。

但他也深知，在他的有生之年，他必须要将革命向更深远处推进。而他所采取的方式，必然是激进的。这一方面是因为他的意识形态和性格使然，另一方面也跟他的身体有关：他一定是感觉到，容不得有半刻时间被浪费。在经历了一次保皇党的刺杀后，不过两天，他就重新回到了工作中，而这一次，他的重点是要面对在塔夫利达宫召开的立宪会议。在苏维埃第二次代表大会中，列宁曾提出"苏维埃政权保证召开立宪会议"，还表示，如果布尔什维克在立宪会议选举中失败，他们将服从人民群众的选择。

但据托洛茨基回忆说，列宁一再希望推迟大选。在夺取政权几天后，

他就表示:"我们必须推迟选举,我们要先改写候选人名单。我们自己的名单现在也没什么用,好些都是凑数的知识分子,而我们现在需要的是工人和农民。"党内不少人反对他的想法,指出此时并非推迟大选的好时机,列宁反驳道:"垃圾!为什么不是好时机?假如立宪大会成为立宪民主党-孟什维克和社会革命党的大会,就适合咱们了?"托洛茨基说,列宁反复强调:"这是个错误,一个我们日后将要付出沉重代价的错误。它会葬送我们的革命。我们已经夺取了权力,到头来,我们还得重新动用军事力量,再夺一次政权。"选举的结果果然没有令布尔什维克满意:大选共产生了703个席位,其中只有168名布尔什维克党人。社会革命党取得了299个席位,左派社会革命党取得了39个,孟什维克18个,人民共产主义者4个,宪政民主党17个,另有158个席位归属于各个少数党。

于是列宁如他所言,动用了"军事力量",11月21日,海军事务人民委员帕维尔·德边科下令7000名亲布尔什维克的喀琅施塔得水兵"全面警戒",以防范11月26日的立宪会议召开。11月23日,就在选举前夜,选举委员会像往常一样,在塔夫利达宫召开会议。午夜时分,一名海军将领长驱直入,宣布奉命逮捕"立宪民主派的保皇党",并且率人将教授、律师、医生和政客们全都赶进一间空房子,将大门上锁。那些人在里面被关了四天,没有食物、饮水和床,所有人都被吓得魂飞魄散。10天后,他们的罪名被正式公布:"阴谋夺取政权",而立宪派的"傲慢"令列宁决定解散立宪会议。11月28日,立宪民主党和右翼社会革命党人在塔夫利达宫集会,抗议民主进程受到威胁,但随即被武装水兵驱散。

12月中旬,列宁彻底改变了布尔什维克对立宪会议的态度,发表了《论立宪会议》一文,称苏维埃是比立宪会议"更高的民主形式","立宪会议选出的代表并不真正代表民意","任何直接或间接地从正式的法律的角度、在普通的资产阶级的民主框架内考虑立宪会议的问题,无视阶级斗争和内战,都是对无产阶级事业的背叛,都采取了资产阶级的立场"。考虑到继续推迟立宪会议会遭到右翼社会革命党和孟什维克的强烈反弹,他决定冒险同意如期召开立宪会议,但一旦这次立宪大会被证明"无法充分反映阶级斗争的新形势",就可以理所当然地将会议解散。

布尔什维克同意,立宪会议于1918年1月5日召开,与会人数400名。他们甚至还同意动用政府基金:"71000卢布用于薪水,8000卢布用于打字员、邮差和卫兵开销,10000卢布用于邮差差旅费,5000卢布用于旅馆住宿……总计23.3万卢布。"与此同时,他们也在开展反对立宪会议的斗争。托洛茨基提请人民代表大会"加强对资产阶级报纸反苏维埃政权言论的监督",更多武装水兵被召回,随时待命。

1918年1月5日,承载着太多人民主期望的宪政会议终于召开。会议还未开始,一群士兵已经守在塔夫利达宫门口挡住了代表的去路,拳脚冲突时有发生。会议由一位老代表S.P.舍夫佐夫主持,但他简短的开场白没人能听到,因为在他说话的当儿,布尔什维克和左派社会革命党人大声敲着桌子、跺着脚、吹口哨。会议秘书、孟什维克党人维什尼亚克回忆说:"列宁当时坐在主席台左边的包厢里,一开始他还低头静听,但很快就无动于衷地闭上了眼睛,又过了一小会儿,他干脆彻底消失了。"社会革命党的领导人维克多·切尔诺夫得到了多数票,成为主席,但连发言的机会都没有得到。维什尼亚克记得布尔什维克的左派人物布哈林宣布道:"专政统治在人类历史上已经有几千年历史了。"

斯维尔德洛夫提议大会审议批准由苏维埃政权颁发的法令,作为多数党的社会革命党对此表示拒绝,于是,为了表示抗议,布尔什维克的代表们纷纷步出会场,左派社会革命党人紧随其后。维什尼亚克后来回忆说:"水兵和赤卫队的人彻底失去了控制。他们跳到台上,用步枪枪托儿顶着代表,逼他们走到大厅出口,人群几近癫狂。而在此时,大部分代表只能木然地坐在椅子上,可悲地沉默着。我们与世隔绝,正如塔夫利达宫与彼得格勒隔绝,而彼得格勒与全世界隔绝。"

● 彼得格勒,1918年1月。列宁的胡子已经花白,他的忧心忡忡都是因为国家政局,这个精力充沛的领袖一向很少考虑个人

解散立宪会议后，列宁面对的最艰巨的任务，是要让布尔什维克和左派社会革命党接受与同盟国议和的决定。从瑞士回国后，他的《四月提纲》曾一度令布尔什维克党内的意见发生分歧。1917年10月，他几乎以一人之力，驱策同仁推翻临时政府。唯独在战争与和平的问题上，列宁面临着巨大的障碍。完成了十月革命，发表了《和平法令》的布尔什维克党，无法接受柏林与维也纳的帝国主义政府和谈的建议。

1917年的最后一个星期，担任外交人民委员的托洛茨基从布列斯特-立托夫斯克参加谈判归来时，仍然自信满满，认为有办法令临时的停火协议进一步延期。他觉得革命随时都有可能在欧洲蔓延。而在1918年1月7日，等到他再一次谈判归来时，情绪终于冷静了下来，他带回了同盟国下达最后通牒的消息，要求俄国割让大量领土，包括战前沙俄所拥有的波兰，以及今天立陶宛、白俄罗斯和拉脱维亚的部分地区，总计15万平方公里。列宁立刻表示他们应该答应德国的要求，否则通牒的条件可能会更加苛刻，但托洛茨基对此有异议，提出通过"不战不和"，士兵退役停战，但不与德国签约的方式来拖延。而党内由布哈林领导的左派，则认为签约意味着对革命的背叛，强烈要求将战争进行下去。

于是问题拿到了党内进行讨论。在1月8日举行的苏维埃第三次代表大会上，出席会议的60多人中，赞成布哈林主张的32人，赞成托洛茨基主张的16人，赞成列宁主张的仅15人。列宁对此非常郁闷："无论如何，我都支持立刻签约讲和。这种策略更稳妥。"

最终，在2月22日的中央委员会会议上，列宁总算以7票对5票战胜了布哈林的主战派，列宁得到了关键的托洛茨基的支持。托洛茨基后来表示，他之所以这样做，只是不希望布尔什维克在面对战争时仍然处于分裂状态。同盟国此时又提出了益发苛刻的条件，要求人民委员会同意放弃波兰、巴尔干数省和乌克兰的主权。这是最后通牒，倘若不签字，俄国将遭到全面的军事侵略。2月23日，布尔什维克中央委员会的成员们精疲力竭地听取了关于德国最后通牒的报告，他们必须在次日清晨7点做出最后的决定。这是一次至关重要的会议。列宁阐述说："这些条约必须签署。假如不签字，你就等于是在签署苏维埃政权的死刑令，过不了三个星期，政权就要被葬送。"

对于反对自己的声音，列宁永远不留情面。卡尔·拉狄克（Karl Radek）一直反对议和，列宁狠狠地抨击他说：

> 你连只小母鸡都不如。给小母鸡画个粉笔圈儿，它到死都不敢跳出这个圈，但至少母亲可以为自己辩护说，是别人画了这个圈。而你是亲手围绕着自己画了个框框，现在就眼巴巴地瞅着这个根本没有用的框框发呆。

必须承认，列宁在批判自己的对手时，想象力着实惊人。

但争议并未结束，当时列宁的反对者甚至考虑要将他踢出人民委员会，然后着手组织革命战争。甚至连斯大林也都在想，向同盟国投降是否明智之举。但大部分中央委员会的委员已经没有精气神儿再参加斗争了。考虑到大部分左派社会民主党人仍然反对他的政策，列宁采取了缓慢推进的策略，首先是在布尔什维克大会上统一思想。大会在3月6日召开，列宁首先做了报告：

> 这是一个本性是小资产阶级的国度，因为战争而四分五裂，现在已经面临着极端严峻的挑战：我们没有军队，而我们必须要与一个武装到牙齿的强盗肩并肩地生活。它仍然是，而且将始终是强盗，想要与它和平相处，除了割地赔款，已经没有其他不激怒它的办法。

面对列宁的条分缕析,布哈林领导的左派节节败退,布哈林承认他无法发动革命战争,对于取得和平,也并无更妥当的计划。随后,在苏维埃的代表大会上,对列宁的提议,724名代表投了支持票,276人反对,118人弃权。在1918年3月3日,《布列斯特条约》正式签署。

克里姆林宫的新主人

虽然已经在《布列斯特条约》上签字,但担心德国人一路进犯,列宁还提议将首都由彼得格勒迁往莫斯科。季诺维也夫紧跟列宁提议,表示这只是暂时的,"因为柏林的无产兄弟一定能帮助我们重返红色彼得格勒"。但他又补充道:"当然了,我们没法准确说出什么时候能回去。或许我们还得将首都搬到伏尔加河或乌拉尔河也说不定;这得由世界革命的大局来决定。"

1918年3月9日星期六,所有政府高官都收到信件,通知他们要在次日上午10点整,在某站台会合,出发前往莫斯科。信件的指示相当具体:"……走一个街区,然后左转上察斯塔夫斯卡娅街,经过一个帆布盖着的围墙后即左转,这就到了站台,火车将在此处等候。尽量将所有行李带上,紧急时刻请拨打电话1—19,坐政府公车……"

从3月10日到11日,列宁与保安们乘坐自己的专列,而其他政府官员乘坐另一列火车,迅速从彼得格勒搬至莫斯科,这等于是向德国传递了一个信号:俄罗斯不再捍卫自己的大前方了。来到莫斯科后,列宁和克鲁普斯卡娅搬到了"国家酒店"一套两居室的套房中。伦敦《每日新闻报》的驻俄记者亚瑟·兰瑟姆回忆说，11号那天，他看见列宁坐在酒店大堂里，身边堆满了箱子、一捆捆的床单和衣服，还有大包小包的书籍。

早年列宁就说过，他不喜欢莫斯科，因为这里实在太不西方化了。莫斯科的外表和文化都体现着俄罗斯传统的价值观。对列宁来说，这地方实在没什么好推崇的，他想要的是一个将此前的文化谱系、沙皇统治、东正教传统完全斩断的全新的俄罗斯。而莫斯科，与其说是个大都会，倒不如说是个大农村。在外国人看来——而列宁本人几乎也算得上是一个外国人——这里的很多居民还是纯粹的乡下人，穿传统的罩衫，脚上的鞋子不是用牛皮做的而是用草编的。没几条街上有人行道，偏偏1918年的春天潮湿多雨，所以走在路上，不一会儿身上就会溅满泥点子。彼得格勒的城市设计得方方正正横平竖直，而莫斯科的街道都歪歪扭扭，偏偏莫斯科人对他们城市的这种随性而为相当自豪。直到18世纪初期彼得大帝继位，开始建都圣彼得堡之前，莫斯科都是这个国家的首都，而城市里的各个阶层，从工业家到银行家再到农民，也都觉得这座未经刻意规划、像野草般肆意成长的城市才更加能体现俄罗斯的气质。

但走进克里姆林宫，连列宁也被它的气势所震慑。这座不等边三角形的宫殿位于莫斯科城中心，俯瞰莫斯科河，城墙长达两千多米，内有数座建筑群，其中最重要的是大克里姆林宫，旁边是十二使徒教堂；在彼得大帝建都圣彼得堡之前，历届沙皇都是在这里登基的。周围参差坐落着20座钟楼，每个钟楼的顶端都有一个双头天使，象征沙皇的威严与权力。

然而此时的克里姆林宫已经破败。自从1917年2月沙皇退位以来，此地就疏于管理。枢密院大厦计划被用作人民代表大会的办公场所和列宁一家的公寓，但现在简直一片狼藉。地上到处是马粪和干草。尼古拉二世时期的一些忠仆仍然坚守着岗位，其中一位老仆人被列宁形容成"蠢材"，当列宁和托洛茨基晚上一起用餐时，"蠢材"仍然遵守着皇家礼仪，

● 1918年5月1日，
列宁、克鲁普斯卡娅和妹妹玛丽亚参加阅兵式后，
乘坐汽车离开

执意要将皇家瓷器上的双头天使像不偏不倚地对准他们两人，才肯开始上餐。对于这一套，列宁倒是还可以忍受，可惜有时候饮食水平显然不及皇家标准，只能为他们端上一碗燕麦粥或者稀薄的蔬菜汤。

虽然打算带着妻子和妹妹尽快搬进宫里安定下来，但装修进度缓慢。直到3月底，列宁不耐烦地亲自写信，要求查出施工队的负责人姓名时，进度才总算加快了。他们在枢密院的一楼住了下来，共有三间卧室和一间工人房，列宁的书房也在同一幢大厦里。

革命者决定处决整个沙皇家族

1918年7月18日,人民代表委员会召开了一次特别会议,由列宁主持,33名委员参加,全俄中央执行委员会主席斯维尔德洛夫宣读了特别声明。这位面容消瘦、留着山羊胡子、戴夹鼻眼镜的领导者向大家宣布,尼古拉二世已在叶卡捷琳堡被执行死刑。

将眼镜推了推,斯维尔德洛夫(他本人在一年后死于西班牙流感)表示,沙皇及其家族人员被证实与白卫军阴谋策反,因此,7月16日夜间,叶卡捷琳堡苏维埃已宣布对尼古拉·罗曼诺夫执行死刑。家族其他成员被转移至安全地点。读完这条声明,斯维尔德洛夫抬起头来看着下面的听众。所有人都很镇定,没有任何特别的举动。有人在做笔记,有人在互相耳语。斯维尔德洛夫继续说,他代表中央执行委员会,认为叶卡捷琳堡苏维埃的行动是正确的。

列宁此时停下写纸条的手,用低沉的声音问道:"有人想对斯维尔德洛夫同志提什么问题吗?"或许有人应该提起,在1918年1月29日,他们曾同意将尼古拉二世转移到彼得格勒接受审讯,或许有人应该提起,就在7月初,党中央委员会还曾讨论过该拿这位前沙皇怎么办的问题,最

● 沙皇尼古拉二世的夫人——皇后亚历山德拉·费奥多萝芙娜和她的四女一子

后的结论是他必须要接受公审。可是现在,只有一个声音问道:"那么,他的家人被送走了吗?"没有人回答这个问题。随后,大家一致同意进入下一个议题,当天还有20个问题需要讨论。

列宁很清楚地知道,整个沙皇家族都已被处决,他与斯维尔德洛夫和托洛茨基曾就这个话题讨论过多次。答案早就异常明确:为了确保革命进行下去,沙皇必须被处决。但起初,他们确实曾想过,到底要宣布他哪些罪名。然而随着哥萨克起义、沙皇旧部反抗,他们已经没有时间来举行一次公审了。

必须要指出的是,不仅列宁认为法国大革命已经开了个很好的先例,因此支持处决沙皇,连绝大多数俄国的社会民主党人也都支持这种看法。早在1903年,在第二次社会民主工党代表大会上,他们曾讨论过是否要废除死刑,几个代表就指出了这个问题:"当真废除了死刑,我们要拿尼古拉二世怎么办?"

从1916年到1919年,在列宁的文章和演讲里,他提到沙皇不下100次,用尽所有语言去讥讽这位末代沙皇,却没有对沙皇本人或其代表的皇权进行过认真的分析。当沙皇下台后,列宁称他为一个弱智、软弱、愚昧的怪物,而在十月革命前,他曾说:"临时政府倒是逮捕了尼古拉二世,可对他也未免太客气了。"

事实上,尼古拉二世博览群书,与所谓的"弱智"并无半点联系。他是个悲剧性的人物。他的首相维特伯爵在大革命前曾写道:"我可怜沙皇。我可怜俄罗斯。他是个非常悲剧、非常痛苦的统治者。他曾经继承了什么,又将留下怎样的遗产呢?他显然是个很善良而且非常有智慧的男人,但他缺乏决断力,也正是因为他性格中缺乏这种要素,所以他的国家的问题越闹越大,这就是他作为一个统治者,尤其是一个独裁统治者最大的缺陷。"

沙皇被处决的当天,对列宁来说一切如常,唯一的例外是哥本哈根的《贝林时报》，其记者向列宁提问，说谣传沙皇已被枪决，对此他有何回应。列宁回答说，对于谣传，他不愿做出任何回应。

对于处决沙皇家族所有成员的决定，托洛茨基1935年在自己的日记里回忆道：

> 我跟斯维尔德洛夫谈起："啊，对了，沙皇现在在哪儿？""一切都已经了结了，"他回答说，"他已经被枪决了。""那他的家里人呢？""跟他死在了一块儿。""所有人都死了？"我的声音中显然带着一些惊讶。"所有人都死了！"斯维尔德洛夫回答说。"那又怎么样呢？"他答着瞧我的反应。我没做回答，只是又问道："是谁做了这个决定？""我们一起做的。伊里奇觉得我们不能给白卫军留下一个活的旗帜，在当前复杂的情况下尤其不可能。"

所以，这就很清楚了，虽然人民代表委员会特别会议声称是叶卡捷琳堡苏维埃做的决定，而事实上，命令是自莫斯科下达的。

沙皇家族可能早已料到这种厄运即将到来。1917年底时，沙皇弟弟米哈伊尔曾向列宁递交申请，请求改冠其妻子的姓氏，成为平民"布拉索夫先生"，并且期望能出国生活。列宁其实知道，米哈伊尔向来同情革命，他声援了二月革命，甚至在衬衫上别了红丝带以示支持，他应该不可能参与反布尔什维克的斗争，但还是决定拒绝米哈伊尔的请求。米哈伊尔很快被捕，被送到了彼尔姆市，在1918年6月11日的晚上，一群布尔什维克在伊万琴科的指挥下，将米哈伊尔和他的英国秘书约翰逊拉出了城，枪杀了。他们当然并没有接受任何审讯。数年后，行刑队中的两个成员，A.V.马尔可夫和I.G.诺沃舍洛夫打起了一场嘴仗，争论谁才是处决米哈伊尔的功臣。诺沃舍洛夫还给中央委员会历史部写了封信，详尽地介绍了处决以及处决后摘掉死者身上所有贵重物品的过程。

一个月后，其他皇室家族成员迎来他们的宿命。尼古拉二世和妻子，带着四个女儿和一个身患血友病的儿子在叶卡捷琳堡被软禁时，或许已经意识到了他们将要面临的命运，但他们尽力将生活过得很平静，在生命的最后几个月里，他们全家看了很多本19世纪俄罗斯经典文学，为了解闷，还将所有看完的小说都排成了话剧自导自演。但他们显然已经生活得战战兢兢，看管他们的叶卡捷琳堡特情局指挥官尤洛维斯基说，皇后亚历山德拉"喜欢走到窗台边，打开窗往外眺望。后来，只要她一走到窗边，就会被守卫用来福枪柄捅开"。他回忆了行刑那天的细节：

> 1918年7月16日下午2点，菲利普同志来跟我说，本地执行委员会接到了处决尼古拉的命令。一位同志会在半夜前来，口令"扫烟囱"，我们将把尸体移交给他，而他会负责善后工作……我于是找来了士兵，叫他们各负其责，每个人专管自己要射杀的成员。几个拉脱维亚士兵说，杀小姑娘的活儿别分给他们，他们干不了。我想，既然他们没法在关键时刻完成革命使命，最好也别把行刑的工作交给他们来完成……凌晨1点半，有人敲响了门，说对了口令。于是我走进房间，叫醒了博特金大夫（皇室私人医生），告诉他们，所有人都得赶紧起床穿好衣服，城里在闹事，得把他们转移到安全地点。
>
> 凌晨2点，我将这群人送到了一楼，叫他们排队站好。尼古拉怀里抱着阿列克谢。其余的人，有些抱着枕头，有些拎着其他家物什儿，都陆续往地窖走。亚历山德拉坐了下来。阿列克谢跟着坐下。我叫他们所有人都站起来，他们规规矩矩地沿着墙站直了。这间房很小。我宣布，工农兵代表苏维埃执行委员会已经下令处决他们。尼古拉带着疑问转向我，我又说了一遍，然后下令："射击！"

在行刑当天或次日，尤洛维斯基和另一位行刑负责人尼久林前往莫斯科，向列宁和斯维尔德洛夫提交报告，除了上交了一小袋钻石和其他贵重宝石，他们还上交了大量沙皇的日记和通信，以及他们家庭的相片集。

刺杀列宁事件

　　1918年的夏天,是布尔什维克革命运动的低潮期,列宁四处奔走,做动员演讲。8月1日,在莫斯科做关于华沙革命运动的演讲时,他告诉赤卫队,他们正肩负着"捍卫神圣理念"的光荣使命。次日,他先后做了几个演讲,分别是对赤卫队、工人和人民代表委员会的委员们。在这些演讲里,他都提到世界革命即将展开,尤其是"在德国,同样的事情已经开始发生"。

　　8月30日,列宁再次去工厂,做关于"两个政体"的演讲。他受到了工人的热烈欢迎,而列宁继续大谈世界革命,警告他们"民主"的危害:"一旦'民主'取得统治地位,你就会面对赤裸裸的罪行。我们知道这种'民主'的真实本质!"他要求所有人尽最大可能消灭敌人。"我们只有一条出路:胜利或死亡!"他向群众挥了挥手,然后快步走出会场,在走出大门时,和一队妇女进行了短暂的交流。

　　在接受契卡的审讯时,莫斯科苏维埃第五步兵团助理军事委员巴图林表示:

● 1918年8月28日,莫斯科,列宁和妻子克鲁普斯卡娅离开全俄教育工作会议的会场。列宁戴的帽子有很好的减龄效果,仿佛年轻了十多岁。倒是被抓拍的妻子显得焦急不自在,也没有和列宁站在一起

列宁同志完成了"资产阶级专政和无产阶级专政"的会议，走出米切尔松工厂大楼时，我离他约有20到40步的距离。当时每个人都在往外走，楼梯口变得异常拥堵，所以我只能在外面等候。在走向列宁同志的专车时，我听到了三声急促的响声，我觉得那只是汽车引擎的声音，并没意识到那是枪声。此后，我发现那些原本镇定地站在车边的人，都开始往四面八方跑去。在地上，我发现有人脸朝下趴着，那是列宁同志。我才明白刚才有人是想要枪杀他。我并没看见究竟是谁射击，我没有失去理智，而是大喊着"抓住暗杀列宁同志的凶手"，然后向前方跑去。

这时我注意到一个女人站在树边，手握行李箱和一把伞，她的形容举止太奇怪了，所以引起了我的注意。她看起来像是在逃跑，脸上又惊又怕。我问她在做什么，而她回答说："你干吗要知道这个？"我于是搜了她的口袋，接过了她的箱子和伞，要她跟我一起走。在路上，我意识到可能正是她击中了列宁同志，我问她："你为什么要杀列宁同志？"而她回答说："你想知道些什么呢？"于是，我的猜想得到了证实，她一定是刺杀列宁同志的凶手……

我既害怕同情她的人会帮她逃窜，也害怕愤怒的人群对她用私刑，于是要求赤卫队的人和我们一起走……在审讯中，这位妇女承认她叫卡普兰，是她想要暗杀列宁。

列宁被抬进了汽车。司机吉尔驾车急驶，将列宁送到了克里姆林宫。在来到列宁府邸门前时，列宁拒绝别人帮助，自己披上了夹克和大衣，爬了三层楼走进房间。他的妹妹玛丽亚紧张地打开大门，而面色苍白的列宁淡淡一笑，告诉她："我受了点轻伤，就伤在胳膊。"此时他的医生A.N.维诺科洛夫已经在此候命。走廊的电话开始狂响。参与急救的

V.N.罗扎诺夫医生回忆说:"那是一间很小的房间……那一幕在任何事故中你都可以看到:病人身边站满了神情忧虑而困惑的亲友,而其他人站在一边小声耳语。四个医生站在床边,随后更多医生被召了进来。"在受到了如此重大的关注后,列宁总算不那么淡定了,他追问身边的医生:"我是不是要死了?假如要死了,直接告诉我,我好把后事安排妥当。"医生们只好再三向他保证,他的伤情很快就可以稳定。

关于列宁伤情的第一份简报,在8月30日当天公布出来:"深夜11点,在列宁同志身上验明两处枪伤:一粒子弹射进左肩,刺到胸腔,导致肺叶上半部分受伤,胸部积血;另一粒射入左肩,打碎了肩胛骨。有内出血迹象。脉搏104次。病人意识完全清醒。已经召来最出色的专科医生和外科大夫。"到了9月1日,列宁已经想要把自己的三角吊带拆下来,他也不想再在克里姆林宫待下去。刚巧,政府在前一周接管了一幢大宅院,那里位于首都以南三十多公里的哥尔克村,可以坐汽车或火车前往,房间里已经通电,安装了暖气和电话。房主是沙俄时代的将军,但已经离开俄罗斯。列宁在9月25日前往哥尔克养病,那里也就成为他晚年最主要的居所。

当医生们纷纷被召到克里姆林宫时,斯维尔德洛夫和他的同志们在准备发表声明。不过列宁的生命并没有大碍。奥布科医生对莫斯科苏维埃介绍说,病人的心脏功能已经恢复正常,没有休克危险。列宁很幸运,罗扎诺夫写道:"子弹幸运地,也是很不寻常地拐了个弯。刚好避开了气管和食管。假如子弹偏移1微米,弗拉基米尔·伊里奇肯定就会死去。"

这次突发事件令布尔什维克的领导层清醒地意识到,列宁对他们有多重要。他的智慧、决断力与斗志,不仅帮助布尔什维克在十月革命中夺取了政权,同时也将帮助他们建立一个新的布尔什维克国家。列宁是他们的大脑,也是他们的引擎。在1918年9月2日中央执行委员会的会议上,托洛茨基肯定了列宁的作用:"列宁是专门为我们这个血与铁的时

● 列宁,莫斯科,1918年10月。列宁这次和照相机配合得很好,眼神没有散,目光笃定坚毅

● 1918年10月,列宁在莫斯科。国家的舵手胡子花白,眉头紧锁,眼角布满深深的皱纹

1918年10月,列宁在莫斯科,他的领带没有扎好。在列宁的时代,国家领袖接受化妆师精心修饰后出现在电视和报纸上还没有成为潮流和风尚,至少列宁本人对此是很抵触的。十月革命后,他一度禁止别人给自己照相,因为从1917年7月起,在潜逃期间,他的胡须全都剃掉了,一直到1917年10月25日以后,他才重新开始蓄须。到了1918年1月,他觉得自己的样子总算跟原来差不多了,这才开始重新接受摄影师在身边出现。列宁非常讨厌摆出姿势让别人照相,秘书经常请示多次才能让列宁同意配合"战斗"。

● 1918年10月,列宁在莫斯科,他的领带没有扎好。在列宁的时代,国家领袖接受化妆师精心修饰后出现在电视和报纸上还没有成为潮流和风尚,至少列宁本人对此是很抵触的

代创造出来的人物……任何一个傻瓜都能射穿列宁的头颅，但是要再创造出这样一个头颅，甚至对于大自然本身也是一项困难的任务。"

托洛茨基是对的：列宁确实是为这个"血与铁的时代"而诞生的。他被刺险些送命的事实，也令他的身上又增添了光环。媒体开始连篇累牍地发表赞颂他、发誓要效忠于他的文章，这或许就是苏联爆发的第一次造神运动。而列宁本人事实上对美化自己的行为极度厌恶。左翼国际共产主义委员会的书记安吉丽卡·巴拉巴洛娃，与列宁在政见上多有不同，回忆录中也有颇多抨击列宁的言语，但她仍然回忆道："对列宁的颂扬，对列宁权威的无限鼓吹，或许反而激怒了他。他已经尽全力避免自己被神化。他也清楚地表明了自己的态度，任何人都不能当着他的面吹捧他，说奉承话。"在他受伤后，几乎所有级别的人民委员都想要表示永远效忠于他，于是列宁对助手邦契—布鲁耶维奇下了个命令，要求所有报纸杂志停止刊登一切吹捧文章。可是恐怕连列宁也没想到，拒绝被崇拜，反而令他被推举到更高的地位。

刺客被同样带到了克里姆林宫，暂时囚禁在斯维尔德洛夫家楼下的地下室里，司法委员德米特里·克斯基和契卡负责人尼古拉·斯克里普尼克及雅可夫·彼得斯负责审问。她供认，自己原名芬妮·叶夫莫夫娜·罗伊特曼，父亲是犹太老师，有四个兄弟三个姐妹，本人为无政府主义者。1906年，她曾参与过炸弹恐怖袭击，被判无期徒刑。在狱中，她改变信仰，抛弃了无政府主义，成为社会革命党人。二月革命后她被释放，而家人已于1911年移民美国。

芬妮·卡普兰也是位彻头彻尾的理想主义者，相信以暴易暴的真理。她被审讯了多次，契卡最大的目标是要挖出幕后操纵卡普兰的组织。但卡普兰始终坚称，暗杀列宁是她个人的决定，与其他任何人或党派无关。

但卡普兰是否真是刺杀列宁的凶手，至今仍然是个谜。首先，现场有许多群众，而且有数人距离列宁很近，但没有一个证人确切地表明看到卡普兰开枪。连一直站在列宁身边的司机吉尔也这样作证说："列宁当时离汽车有三步的距离，我看到在好些人后面，有个女人的手伸了出来，手上握着把勃朗宁手枪，开了三枪，我立刻朝枪声发出的地方奔过去。那个开枪的女人将枪扔在了地上，跑进了人群里，那把枪就丢在我脚边。我在那里的时候，没人把枪捡起来。更正一下：是在第一声枪声响起后，我才看到那个握着勃朗宁的女人的手。"而其余18个接受调查的证人，也都或多或少地说了同样的证词。

第二个疑点在于，卡普兰本人的视力极弱，连身边的东西都看不清楚，按理说，这样一个女人，任何阴谋团体都不会征召她。曾和她一起服过刑的D.塔拉索娃在证词中说，卡普兰基本上就是个盲人："她在多年前就已经失明，而且后来一直没有治愈。"

此外，据吉尔称，这把左轮手枪就丢在他脚边，没人捡起，但在卡普兰的手提包里，人们又搜到了另外一把手枪。而在事发三天后，在重新搜查现场时，警察发现从勃朗宁手枪里射出了四粒子弹，但所有目击证人都作证说，他们只听到了三声枪响。

喀山大学的利特文教授研究指出，开枪刺杀列宁的应该是一位叫普罗托波波娃的女性，她在1918年7月时曾经担任过契卡一个小队长的助理，卡普兰与其应该早有默契，答应一旦被抓到，就揽下所有罪名。但据利特文收集的资料显示，普罗托波波娃应该是几乎与卡普兰同时被捕，在当天或次日即被处决。而卡普兰对此一无所知，将这个悲剧性的角色一直饰演到底。

无论如何所有人都已经很清楚了，不管卡普兰是不是凶手，她都一定得死。克里姆林宫司令官帕维尔·马尔科夫回忆说，1918年9月3日，他被契卡召见，上级阿万涅索夫跟他宣读了一份命令："卡普兰要被枪决。死刑由克里姆林宫司令官马尔科夫执行。"40年后，他在回忆录中写道："结束一个活生生的人，尤其是一位女人的生命，这不是件易事。是个非

莫斯科，1918年10月，在克里姆林宫的办公室里。这是列宁的圣地，他很少和人分享，秘书也不例外。办公室是一个不大的房间，有一张写字台，上面总放着一个列宁用来记录的笔记本，写字台前是一把木圈藤椅。写字台的两边还有两个可以旋转的书架，列宁把它们叫作"小风车"。写字台后面的书架上放着俄国和外国报纸。办公室里还有许多地图，沙发后的墙壁上挂着彼得格勒工人送给他的马克思像，还有一座哈尔士林的半浮雕像。办公室里还放着一棵列宁非常喜欢的大棕榈树。直到列宁1922年12月在里面工作的最后一天为止，办公室里的陈设几乎没有大的改变。

常非常沉重的负担。但这也是我有生以来,要负责执行的最公开不过的命令。我问阿万涅索夫:'何时执行?''就今天。立刻。'没人跟卡普兰说她已经被判死刑,即将被处决,而枪决将由我,一个共产党人、巴尔干舰队水兵、莫斯科克里姆林宫司令官来执行。"马尔科夫根据斯维尔德洛夫的指示,在9月4日凌晨4点,将卡普兰带到了一个车库,在汽车引擎的发动声中,结束了她的生命。她的遗体被火化,没有留下一点痕迹。"无产阶级诗人"杰米扬·别德内依应邀观摩了枪决,目的是为了"启发革命创作灵感"。

对于枪决,列宁并未参与。在哥尔克的住所养病期间,列宁只是简单地交代说:"对卡普兰的事情,就完全由中央委员会来决定好了。"马尔科夫本人写道:"坊间流传着一些美妙的传说,比如列宁亲自替卡普兰求情,希望饶她一命,有人还说在1932年或1938年,在索洛维基岛和别的什么集中营里见到过她。但这些真的只是传说而已。"

革命与内战,不可避免地伴以暴力与流血,而列宁难免是敌人的眼中钉。卡普兰并不是第一个威胁列宁生命的刺客。在1918年1月14日,列宁与妹妹玛丽亚和瑞士共产主义人士弗利兹·普拉顿一起驱车前往斯莫尔尼宫的布尔什维克中央委员会时,其座驾也曾遭到枪击。《真理报》的一位编辑回忆说:"当时他们先去了一所军校,为即将开拔到前线的战士做演讲,驾车出来没几十米,枪声就开始响了起来。"普拉顿将列宁的头猛地按到座位底下。车子一路狂奔到斯莫尔尼宫,检查时才发现,车后厢被射穿了好几个洞,挡风玻璃也破损严重。普拉顿在替列宁做掩护时,一只手被子弹击穿,血流不止。

一年后,列宁又一次身陷险境,不过这次他碰到的是一群强盗。1919年1月19日夜晚,列宁带着妹妹和保镖恰巴诺夫出莫斯科城,去索科利尼基郊区探望养病的妻子。在开近一座铁路桥时,汽车被三个带着枪的男人拦了下来。列宁和同伴们以为这只是例行的身份检查,特意强调

说,"我的名字叫列宁",但那伙人根本未予理会,玛丽亚在日记中写道:

> 没想到的是,这几个人根本没看我们出示的证件,将我们赶下了车,径直走上前去,用手枪顶着弗拉基米尔·伊里奇的太阳穴,搜他的口袋,将他的勃朗宁手枪和克里姆林宫通行证翻了出来。
>
> "你们在干什么?"我哭叫道,"这是列宁同志!你们究竟是什么人?先出示你们的证件!""强盗还要啥证件。"那群人中的一个这样回答说,他们跳进车,直接将车给开走了。

列宁对这次与强盗达成的妥协,显然很是得意,在《共产主义运动中的"左派"幼稚病》一文中,他还引用了自己的亲身经历:"想象一下,你的车被一群武装劫匪拦了下来。你给了他们你的钱、你的身份证、你的手枪和你自己的车,以此来摆脱这伙人愉快的陪伴……我们与德国帝国主义匪徒的妥协,与这不无共通之处。"

在这起事件后,整个莫斯科城进入全城戒备,首都临时颁布了戒严令。一两周后,犯罪调查科的负责人K.G.罗森塔尔向列宁汇报:

> 为了调查您在索科利尼基公路上被匪徒袭击的事件,也为了终止劫匪暴行,我下令对所有私人房屋与公寓进行挨家挨户的搜查,防止任何罪犯在莫斯科藏身。所有怀疑与此次犯罪事件有关的人员全都被捕……袭击您的凶手是雅科夫·科舍尔科夫、司机扎亚茨和鞋匠兰卡。这伙人开会用的平房被搜查,事后房主本人已经自杀。

为了搜出这三个强盗,一共有200人被捕。

● 1918年10月,列宁在克里姆林宫他的办公室里阅读《真理报》。列宁坐在木圈藤椅上,身旁还有大量报刊,不用看向镜头刻意摆姿势让列宁感觉很舒服

后来这三个强盗交代说，他们没听清楚列宁对自己说的话，将"列宁"听成了"列文"。但在放列宁一行人走后，他们重新看了一遍抢来的身份证件，才意识到事情闹大了。其中一个叫科舍尔科夫的家伙想要立刻开车回去，杀死列宁，因为他觉得这样一来，说不定有人可以借机发动政变，也就没人想到要捉拿真正的凶手。但另两位同谋不愿意这么干——显然，列宁比自己想象的要更幸运。

在此后的1919年4月7日，斯大林要求克里姆林宫司令官执行了一系列保安措施，列宁的人身安全得到了进一步的保障。其中包括列宁在离开克里姆林宫时，必须由两辆车和五名保安陪同。他的司机必须是"忠诚的党员"，此外必须有保安人员佩带武器跟随。列宁居所和办公室的保安都必须有至少一年党龄。进出列宁的公寓时，必须持由列宁本人签署的通行证。卧室旁边原本由用人居住，现在用人统统搬到楼下，而他的书房则搬到了隔壁。

列宁数次被袭后，城中气氛肃杀，执法机构开始了大规模的暴力行动。在卡普兰刺杀事件后，数位前临时政府的部长被执行公开枪决，包括前司法部长施切格洛维托夫、前内政部长卡沃斯托夫和普罗托波波夫、前警察总长贝内茨基和大主教沃斯托格夫。贝内茨基想在最后一刻逃跑，但被当场击毙。

在1918年秋天前，苏维埃政权进入了最低谷。看起来只要再施加一点压力，"第一个无产阶级专政国家"就将倾覆。但芬妮·卡普兰行刺列宁的事件，却奇迹般地挽救了这个政权。用托洛茨基的话来说："被阴谋的子弹所打伤的列宁唤醒了我们大家，号召和鞭策着我们前进。"

托洛茨基是正确的，面对着内忧外患，布尔什维克党终于拿出了最极端的手段来设法拯救他们的政权。他们兑现了列宁将帝国主义战争转变为内战的承诺。

● 列宁在他在克里姆林宫的办公室的书柜前。
列宁不喜欢矫揉造作,给列宁照相是一件非常麻烦的事,
靠着心爱的书柜让他整个人都放松了些

● 1918年10月，伤后正在恢复的列宁在克里姆林宫的院子里散步，列宁习惯于保持泰然自若的领袖风度，控制自己的感情和情绪，即使受到枪伤也不例外

● 列宁和弗·德·邦契—布鲁耶维奇在克里姆林宫的庭院里。陪列宁聊天的邦契很明显心不在焉,他在想怎样才能让摄像师拍到好的效果又不让列宁发现,估计邦契已经在计划自己该什么时候开溜以便让摄像师拍下只有列宁一个人的照片

- 列宁和斯维尔德洛夫及国土部门、贫民委员会代表在全俄代表大会的讲台上。莫斯科，1918年12月11日

- 列宁在克里姆林宫人民委员会理事会秘书处。能和主席合影，大家都庄重肃穆，倒是列宁自己显得很随意。伟大的领袖本身个子就不高，这下完全看不到脖子了

无产阶级专政的发明者

可以说，很少有哪位政治人物像列宁这样，与内战领袖的角色如此不相称。他是寡母的长子，因此在沙俄时期免于被征召入伍；对于自己在军事方面的毫无经验，他也从未隐讳。他读过德国人克劳塞维茨的经典著作《战争论》，最后得出的结论是，在战争中技术才是关键。为了安全考虑，他随身带着把勃朗宁手枪，但从未开过枪。他倒是用过猎枪，但打的只是狐狸和野鸭。虽然是一介书生，但列宁并不畏惧发布战争命令。作家高尔基一直对他甫一上任就开始动用契卡和红军的力量感到疑惑不解，他曾经问列宁是如何知晓该用多少军力的。列宁对此回答说："你怎么可能精确测量，在一场战斗中，有多少发子弹是必要的，有多少发可以作为备用呢？"在列宁看来，赢得战争本身才是最关键的，至于其他细节问题，都不需要自己考虑。

列宁是布尔什维克党中央战争机器的中枢，而托洛茨基则是贯彻列宁意志的一发子弹。托洛茨基拥有自己的专车，很快人们就称其为"托洛茨基号列车"，这列车频繁载着他去往前线。他向人民委员、司令官和基层士兵们发表演讲。而在具体事务中，布尔什维克也不乏精英。布哈林

● 1918年11月7日,列宁、斯维尔德洛夫等人为革命英雄纪念碑揭幕。列宁暖和的冬装减少了他很多领袖气质

● 列宁在马克思和恩格斯的革命纪念碑揭幕典礼上致辞,身后是即将揭幕的纪念碑

是《真理报》的卓越编辑;卡门列夫掌管莫斯科的行政事务;季诺维也夫则管理彼得格勒的一摊子事;斯大林在人民委员会中的决策坚决而果断;斯维尔德洛夫则是列宁在克里姆林宫的左右手,负责党中央书记处和苏维埃执行委员会的事务。

令这个新生政权最头痛的人物,当属原沙俄黑海舰队司令、临时政府军事部长亚历山大·瓦西里耶维奇·高尔察克。当时,俄国境内分布着多股反布势力,但由于国土辽阔,各股势力无法勾结在一起,因此并没有构成太大威胁。1918年11月18日,高尔察克宣布自己是俄国最高执政官,而白卫军的将领邓尼金和尤登尼奇也都承认了他的政权。白军的目标是迅速集结,沿乌拉尔河流域向东推进,进入俄罗斯中部。12月,他们进入了乌拉尔河军事要塞彼尔姆市,由于布尔什维克和当地苏维埃政权反应迟缓,白军几乎如入无人之境。在接下来的那年冬天,高尔察克一路长驱直入,眼看就要攻打克里姆林宫了。

列宁对彼尔姆失守的态度反映出他在内战初期的毫无经验与软弱,

● 列宁和人们一起观看纪念碑的揭幕仪式。
莫斯科，1918年11月7日

● 列宁正要揭开遮盖克里姆林宫墙上纪念碑的帷幕。该纪念碑用于纪念那些为各国人民的和平和友爱而牺牲的人

● 列宁和人们一起参加纪念碑的揭幕仪式。莫斯科，1918年11月7日

1918年11月7日，莫斯科。列宁参加纪念碑的揭幕仪式。

彼得格勒武装斗争胜利后，列宁解散了立宪会议，也解除了反对派的武装，革命迅速蔓延到全国。1918年7月，为了捍卫新生的政权，列宁批准建立工农红军和工农红海军。1918年春，刚刚诞生的苏维埃政权遭到14个帝国主义国家的武装干涉，苏俄处在战火包围之中。苏维埃俄国的人民在"经历了世界上从来没有过的灾难、贫困、牺牲和严重的物资匮乏"之后，于1919年春最终打退了协约国的武装进攻。

● 列宁在红场发表讲话,庆祝伟大的十月社会主义革命胜利一周年

 레닌 (1870—1924)

莫斯科，1918年11月7日。时值伟大的十月社会主义革命胜利一周年，列宁在红场发表讲话，身体前倾，慷慨激昂。不论时局如何悲观和困难，列宁非常明白自己的任务是要带给民众以希望。十月革命胜利后，刚刚诞生的政权面临各方责难。西方资产阶级攻击布尔什维克政权是专制暴政；更有不少人认为，十月革命违背了马克思主义原理，没有满足发生的前提条件，是早产儿。列宁通过发表公开演讲和撰文进行批驳和回应。列宁指出，除去西方资产阶级对苏维埃政权的仇恨、谩骂和恐惧外，第二国际的一些"理论家"也不懂得俄国的具体历史和革命辩证法，只是饱学的书呆子，幼稚天真，对十月革命乱加指责。

● 列宁和参加俄共（布）第十次全国代表大会的代表在一起

1921年5月26日至28日，莫斯科。列宁在俄共（布）第十次全国代表大会的开幕词和向大会所做的关于实物税的报告中，对战时共产主义政策做了评价，提出在战争已经结束的环境中，继续延续先前曾经取得胜利的旧政策只能导致失败。列宁还分析了战后国内阶级环境的变化，认为农民的不满情绪已经达到了顶点，国内的经济和政治危机已经出现。经过讨论，会议最终确定了向"新经济政策"过渡。会议之后，关于"新经济政策"的法令陆续出台。

● 1921年7月在共产国际第三次代表大会上,列宁在克里姆林宫的圣安德烈堂发表讲话

● 1921年7月在莫斯科参加共产国际第三次代表大会，少数共产国际代表觉得列宁的批评攻击性太强，对此，列宁大度地表示道歉

● 1921年7月，列宁在共产国际第三次代表大会上，右侧是艺术家布罗茨基

虽然在国家政权统治方面，他确实拥有常人难以匹敌的能力。他也取得了首都工人、农民和苏维埃组织的支持，但对克里姆林宫以下的行政机构缺乏掌控力。他坐在办公室里，只能靠电话办公。他可以从图书馆订书，读当天出版的报纸，听取官员们汇报首都以外的情况，但总的来说，他几乎生活在一片孤岛上，因此对于彼尔姆失守，他最后的判断竟然是，这次悲剧是由当地主要官员M.M.拉舍维奇工作时间喝醉了酒造成的。

此时，托洛茨基的举措也备受质疑。他受到列宁首肯，在红军中任命了一批投诚的沙俄将领担任各级军官。为了确保没人叛变，他为每个将领安排了一位政委用以监视。还将所有将领的家人都软禁起来，这样一旦有人变节，其亲人就会成为人质。但托洛茨基的严酷并不仅仅针对前沙俄军官，对于自己人他也毫不手软，一旦政委们不遵守命令，他就会下令枪决。他将逃兵们编成一个团，对他们施以罗马军团时期的惩戒手段。他强调即使是老资格的布尔什维克军官，在红军里也不能搞特殊化。对此，不少布尔什维克军官感到蒙受了巨大的羞辱，有些人想要搞军事改革，有些人甚至认为1917年才加入布尔什维克党的托洛茨基简直就是第二个拿破仑，有成为军事独裁者的危险。列宁一直想要避免自己卷入是非，但以托洛茨基的政敌斯大林为首的一批布尔什维克领导人，提出强硬要求，表示那些前沙俄军官必须开除掉，而托洛茨基为表清白，表示要辞职。在这种情况下，列宁只能站出来声援托洛茨基，他不愿意在内战的关键时刻失去最重要的人民军事委员。

在这个可怕的冬天，布尔什维克还在继续调整政策。12月2日，贫农委员会被解散，因为农民普遍不喜欢这个委员会划分"成分"的标准，而且委员会不仅将矛头对准富农，还时而找中农的麻烦，而列宁早些时候已经承诺过，政府不会对付中农。当然，以列宁的个性，他甚少会承认自己犯过什么错，这一次也不例外。

国际形势也在促使着列宁做更重大的决定。11月11日，"一战"猝然结束，英、法、意、美成为战胜国。列宁最初的反应是《布列斯特条约》因此可以被废除了。随后他兴奋地意识到，德国在"一战"中的失败，将会为革命奠定最有利的基础。他现在的首要任务应该是帮助德国的左翼共产主义团体夺取政权，如此一来，俄国将与德国组成一个政治"堡垒"，这足以抵御任何反动势力。眼下最主要的问题是，德国目前还没有一个共产主义政党，可以替代的政党是李卜克内西和罗莎·卢森堡领导的斯巴达克团。他计划召开一个国际共产主义大会，好好策划欧洲革命，其成果，便是在莫斯科召开的共产国际（第三国际）第一次代表大会。

这是一次由俄国布尔什维克主宰的大会。列宁做了演讲《资产阶级民主和无产阶级专政》。他提出，资本主义国家的自由是由中产阶级所独享的自由，列宁及其他布尔什维克代表——布哈林、季诺维也夫、奥辛斯基和托洛茨基——反复强调，考茨基式的企图通过宪法选举带来共产主义革命的道路，注定行不通。这次会议，对世界政治未来20年的走向产生了深远影响：一个以推翻全球资本主义为使命的团体诞生了。

这期间，列宁的情绪有点儿太过乐观，他的一些文章和演讲因此没有收入他的全集，譬如在1919年3月13日，在纪念姐夫马克·耶里扎洛夫的悼念会上，他这样表示：

> 法国已经准备对抗意大利，日本正准备抗击美国……巴黎、伦敦和纽约的工人群众正在将"苏维埃"转换成他们自己的语言……我们将很快看到全世界苏维埃共和国的诞生。

法国和意大利开战大概是不可能的，日本人倒是相当仇恨美国，但仅局限于口头上。列宁这样说，并不只是为了鼓舞士气，他真的是情绪高昂，以至于他的客观冷静，被空想所取代。

在同月召开的俄共（布）第八次代表大会上，列宁同样显得自信满

● 1921年7月,共产国际第三次代表大会。列宁手扶额头,坐在讲台的楼梯上记笔记,已经51岁的革命家颇为自由随意

满。开幕词由列宁宣读，会场中是一片"列宁万岁"的欢呼声。在演讲词里，他肯定了过去一年多来布尔什维克的一切举措：建立"贫苦农民委员会"是正确的（虽然委员会已经被取消）；任命前沙俄军官是正确的；建立独立的苏维埃共和国是正确的；中央委员会的一切决定都是正确的，如果说这其中有政策遭到反对，也是由于执行者没能正确领会政策制订者的意图。

● 1919年3月29日，列宁在克里姆林宫的录音设备前。列宁对于自己的演讲能力显然比形象要自信许多，录音设备并不像照相机那样让他局促不安

苏俄的内战

十月革命一年半后,布尔什维克党已经建立了一个稳固的政体基础,这个政权在俄罗斯延续了70年之久。红军与契卡虽然时有"逾矩"行为,但由于受到列宁的坚决保护,所以地位相当稳固。不过,政府,尤其是地方政府的组织性还未达到列宁主义的要求。此外,对于这个一党统治的政府,还有诸多问题亟待解决。各个苏维埃共和国之间是怎样的关系,还没有定论;一旦在内战中获胜,该如何处置原有的社会中上层阶级,也没有具体方案;甚至对于在一党统治制度下,关于党在今后的角色问题,也没有系统的政策出台。列宁主义理论在集权与民主、社会公正与人权保护方面,还存在着巨大的漏洞。虽然社会的总体框架已经搭建起来,但苏维埃共和国的社会秩序还有待完善。

不过在1919年的春天,几乎没人意识到共产主义这幢大厦能竖立多久。白军仍然相信自己能横扫俄罗斯,很快就能将红军赶出克里姆林宫。此时不仅只有一场内战,还有一场在更底层酝酿的内战,一边是俄罗斯农民,另一边是周边的军队——无论是白军还是红军,农民都一样仇视。此外,各种小规模的民族和宗教冲突时有爆发。不过,列宁只关注其中

● 1919年3月18日，列宁在莫斯科红场，在斯维尔德洛夫的葬礼上发表演讲。十月革命胜利一年半后，布尔什维克已经建立了一个稳固的政体基础，这个政权在俄罗斯延续了70年

第四章 苏联的诞生

● 列宁,莫斯科。1919年3月2日列宁在共产国际第一次代表大会上致开幕词,并当选为大会主席团常务主席

● 1919年3月2—6日,莫斯科。列宁在克里姆林宫第一次共产国际代表大会的讲台上

的一种战争：由红军在三条伟大的前线上，对抗高尔察克、邓尼金和尤登尼奇所率领的三路白军。红军司令官们想当然地认为，一旦他们取得了这场战争的胜利，其他对手也将不攻自破；而列宁领导的人民委员会更加相信，这样一场战争的胜利，将为中欧和西欧的革命斗争掀开序幕。

可是，布尔什维克能赢得俄国内战吗？列宁在1919年3月预言说，他们只需再"打半年"，就能赢得内战，这种想法稍稍有点乐观。确实，当时的军事形势对红军有利。高尔察克进军俄国中部的步伐，在4月遭到了阻滞，乌拉尔河南部的乌法市在6月重新被红军攻下。列宁不断敦促委员和将领们，他总是认为大家还可以更加努力，在战场上更加无情。在他老家辛比尔斯克准备迎接高尔察克进犯时，他给当地的革命军事苏维埃发去电报："假如我们不能在入冬前拿下乌拉尔河，我觉得革命将必死无疑了。必须集中一切军力。"从战术角度来说，这听起来几乎是无稽之谈：没有任何理由表明，高尔察克的白军必须在深秋时分被击溃。但列宁想用这样的方式来激励部下。在同日，内容几乎一样的电文，也发给了基辅前线的将领们。

1918年12月被红军丢下的城市彼尔姆，在1919年7月也被重新夺回，高尔察克逃入西伯利亚中部，此后再未回来。高尔察克在白军中的执政官位置，被在俄国南部作战的邓尼金取代。邓尼金将自己的军队分为两路，一路跨越顿河，一路沿伏尔加河北上，到了1919年7月，已经进入红军腹地，并且打算一举拿下首都。但由于高尔察克战败，红军调动了充足的兵力加固防线，1919年夏天，红军又将邓尼金赶回了乌克兰。这个消息让克里姆林宫的气氛一下子轻松了起来，此前，他们一度以为邓尼金有可能做成高尔察克没有完成的事情。但列宁并没有为这次胜利发表演讲或文章。中央委员会和人民委员会也没有举办任何庆功会。

对列宁来说，胜利意味着一切。此时，他已经从1918年8月的暗杀事件中恢复了过来，他的私人助理邦契—布鲁耶维奇说服他在克里姆林宫周边拍一部新闻短片，目的是昭告世人：列宁同志还活着。这部由列宁和邦契—布鲁耶维奇领衔主演的电影实在是不那么有趣：

场景：列宁和邦契—布鲁耶维奇站在克里姆林宫的一棵大树旁。

服饰：列宁穿着三件套西服，而邦契—布鲁耶维奇则在这个大晴天里穿着雨衣。

动作：列宁和邦契—布鲁耶维奇在互相交谈。邦契举止从容，在他说了些什么后，列宁微笑了起来。但其具体交谈内容并未介绍。

电影的效果并不理想。内战期间又值俄国饥荒，没多少人有闲暇去电影院；更何况，此时俄国的电影院大多缺乏器材，有时根本没法放电影。列宁也确实不是个好演员，面对摄影机时举止拘谨，完全不像某部摄于1917年的电影表现的克伦斯基上火车、向群众挥手那样有煽动力。比起摄影机，列宁要更习惯照相机。

到了1919年10月，战事再一次胶着起来。尤登尼奇召集叛军和海外兵团，从爱沙尼亚大举向彼得格勒进犯。季诺维也夫被彻底吓坏了。连列宁也担心彼得格勒能不能保得住。只有托洛茨基站了出来，鼓舞其他同志的士气。他发出号召：彼得格勒是革命的象征，这座城市必须保住，只有这样才能捍卫革命。红军分散了尤登尼奇的几股兵力，而邓尼金在基辅一役同样遭到惨败。至此，内战中最艰巨的战役已告结束。红军占据了俄国的核心城市，莫斯科、彼得格勒和基辅现在都已经被布尔什维克控制。

外国的入侵势力从武力上来说，要强于红军，但倘若干涉俄国内政，同样需要面对其国内的种种障碍。各国的共产主义运动都在兴起，而那些打过"一战"的士兵已经无心恋战，不想再跟红军打仗。战胜国——法、英、美、意——决定结束对苏俄的经济封锁。列宁开始放眼欧洲，寻找共产主义革命西进的可能性。他想到了意大利北部，看到了捷克，认为如果能从那里入手，等于是找到了进入德国的桥梁。不过眼下他得

1919年3月18—23日，莫斯科。列宁和乌克兰的代表在俄共（布）第八次代表大会上。

乌克兰拥有非常肥沃的土壤和极其丰富的稻谷、蔬菜和水果，一向以"欧洲的食品柜"闻名。几个世纪以来，对乌克兰控制权的争夺一直非常激烈。二月革命后，乌克兰的资产阶级立即提出了乌克兰独立的问题。1917年12月苏维埃政府发表声明承认这个主张自治权的共和国，但也同时指责其对苏维埃权力的否认。随后乌克兰几易政权，1919年3月时乌克兰政坛上有三股力量：布尔什维克在卡尔科夫建立了首都，于1919年3月10日成立了苏维埃社会主义共和国；在西部有佩特里乌拉的军队；东部有无政府主义者领导的游击队。乌克兰事件是布尔什维克面临的困难重重的民族问题的典型例子。

放弃对匈牙利的期望,因为贝拉·孔在布达佩斯建立起来的共产主义政权已经在1919年8月被反革命推翻。他相信,只有在欧洲的其他地区共产主义政党夺取了权力,推翻了资本主义,苏俄的共产主义政权才能真正稳固下来。

● 1919年五一劳动节当天，列宁在红场发表讲话，列宁像是置身于圣坛上，身边满是旗帜和巨幅头像

● 1919年4月15日,莫斯科。列宁和加里宁与莫斯科学生在一支红军的炮兵部队中

● 1919年3月29日,莫斯科。厚重的大衣和帽子显得列宁冷静镇定。对列宁来说,胜利意味着一切。此时,他已经从1918年8月的刺杀事件中恢复了过来

● 列宁在红场发表讲话。他上抬的手臂强硬有力,仰拍的角度显得这位社会主义的巨人魁梧高大,俨然一尊塑像

1919年5月1日，莫斯科。列宁在红场发表讲话。他上抬的手臂强硬有力，仰拍的角度显得这位社会主义的巨人魁梧高大，俨然一尊塑像。高尔基曾这样描述列宁的演讲："弗拉基米尔·伊里奇快步登上了讲台。他口齿清晰、一字一顿地说道：'同志们。'一开始我觉得他讲得不好。但是过了一会儿，我就和其他人一样被他的演说吸引住了。我还是头一遭听人用如此简单的方式谈论最为复杂的政治问题。列宁并不试图一味粉饰，而是透彻地揭示出准确的含义，并且说得从容不迫，令人赞叹。他一只手臂前伸，略微上抬，另一只手似乎在一字一句地掂着分量。所有这一切真是奇妙无比，似乎他说的话，并非出自个人的名义，而是千真万确地来自历史的意志。在我身后，人们敬佩地窃窃私语：'他说的无懈可击。'确实如此。"

1919年5月1日，莫斯科。列宁在斯捷潘·拉辛纪念碑的揭幕式上致辞。

约翰·里德在《震撼世界的十天》中写道："他个子不高，胖胖的光秃秃的大脑袋被双肩牢牢托住。他的声音有些沙哑，但一点也不刺耳难听，似乎是多年的演说使声调变得强硬，单调的声音给人的感觉是永远不会停止。在强调某一段落时，他身体会微微前倾，没有任何多余的动作。在列宁的面前，几千张天真的脸庞凝望着他，充满了敬佩之情。"

● 列宁在斯捷潘·拉辛纪念碑的揭幕式上致辞。1919年5月1日,莫斯科

● 五一劳动节游行时列宁在红场。照片上的列宁仿佛回到了年轻时代,穿着打扮很有契卡组织里便衣警察的味道(左页图)

● 五一劳动节时在红场的列宁,和俄共莫斯科委员会书记扎戈尔斯基(V.M.Zagorskiy)谈话。1919年5月1日,莫斯科(右页图)

● 列宁，1919年5月1日，莫斯科，图片来自Kinokadr网。成为革命领袖后，列宁基本上和俄国其他主要领导人的打扮大同小异，西装革履，扎领带，冬天就外罩深色的大衣

● 列宁和克鲁普斯卡娅在全俄社会教育代表大会结束后走出会场。莫斯科,1919年5月6日。 图片来自Kinokadr网。不仅列宁的妻子克鲁普斯卡娅,列宁的姐姐安娜·乌里扬诺夫也是人民教育委员会的委员

1919年5月6日,莫斯科。列宁和克鲁普斯卡娅在全俄社会教育代表大会结束后走出会场。

列宁认为俄国是一个又大又穷的国家,虽然在莫斯科有上万的人在剧院里欣赏精彩的演出,然而千百万人依旧不会拼写自己的名字。他们渴求学会算术,获得文化,了解宇宙万物依自然法则运转的规律。在他看来,文盲现象从长远来看同建设的任务是根本不相容的。

1919年5月25日，莫斯科。列宁和一群部队指挥官穿过红场，如果不是西装革履，意气风发的列宁俨然是位部队的指挥官。

在国内战争中，列宁和托洛茨基雇用了许多有经验的沙皇军人来为苏维埃政权服务，并把他们的实战经验和自己的战斗热情结合起来。邓尼金在战败后谈到，红军很像一支旧的俄国军队，因为军队完全是按照沙皇那些旧军官的智慧和经验打造的，托洛茨基等人只起到监督的作用。将军们贡献智谋，布尔什维克负责贯彻落实。大部分沙皇军官都是忠诚地为共产党人服务的。

● 1919年5月25日，列宁在红场向参加普遍军训节的群众发表演讲

● 列宁、克鲁普斯卡娅、玛·伊·乌里扬诺娃、扎戈尔斯基和普遍军训节的阅兵部队。夫妻俩笑得很开心

● 1919年5月25日,莫斯科。列宁在红场向参加普遍军训节的群众发表演讲

● 1919年5月25日,莫斯科。列宁在普遍军训节的阅兵仪式上。列宁的侧身照较少,这张照片不幸地突出了伟大领袖的短脖子,列宁原本浅褐色的胡子几乎已经全白

● 列宁在普遍军训节的阅兵仪式上。他的面庞一如此时的苏俄，在惊涛骇浪中饱经风霜依旧执着

● 1920年3月1日,在全俄哥萨克劳动者第一次代表大会期间,列宁和加里宁在工会大厦

● 列宁，莫斯科，1919年11月7日

● 列宁在红场参加十月革命两周年的庆祝活动，国家的舵手带领苏俄人民又度过了一个艰苦的年头。莫斯科，1919年11月7日

▍"革命之神"的50岁生日

列宁已经在思考战后他的政党和政府该如何重建的问题。自从十月革命，尤其是自1918年下半年开始，政策的走向已经越发明朗。其他政党在苏维埃政权中几乎没有多少活动的余地。左派社会革命党人逐渐成为攻击的目标。社会革命党那些要求组织召开立宪会议的成员，被当成反革命对待，不过其中也有个别人被允许加入了其他基层组织甚至红军。孟什维克还办着几份报纸，但频繁遭到查封。

列宁已经开始要求进行工业、运输业和银行业的国有化，对商业和农业的私人交易也施加了巨大限制。他大谈富农和企业主与银行家的邪恶行径。他要求建立完全的共产主义经济体系。他认为私人所有制将导致人性的扭曲、贪婪，令罪恶滋生。他希望在内战结束后，能继续执行战时的粮食收缴制度。

对列宁的各种提议，人民委员会和苏维埃几乎都表示出了一致的赞同。当然了，总有少数团体和个人要投反对票。民主派人士仍然希望能对中央委员会的决策施加影响。而由亚历山大·施略普尼柯夫和亚历山德拉·柯伦泰领导的工人在野党，则直接指责列宁未能遵守他在1917年的承诺。他们希望工人和农民能在国家经济与社会生活中取得更大的权威，呼吁工会和苏维埃热情投入政治生活，要求政治结构更加民主化。对于这两位老朋友，列宁的态度并不友善。很快，几位少数派的领军人物就接到调令，被迫离开了俄国的主要工业城市，被发配到诸如乌克兰等地的边缘地区。

在中央委员会内部，事实上也存在着分歧，加米涅夫和布哈林是其中反对声音最大的两位，他们的矛头对准了契卡，指责契卡的权力过大，有时甚至滥杀无辜。但契卡得到了列宁的保护，可以继续实施红色恐怖。不满归不满，加米涅夫和布哈林也都明白，他们的意见不可能被采纳，而列宁对布哈林也采取了小小的怀柔政策，任命布哈林代表中央委员会负责与契卡主席捷尔任斯基的密切沟通。

但在中央委员会里，另一类的异议，在列宁看来则毫无妥协余地。频繁出入乌拉尔河军事前线的托洛茨基，认为自己掌握了第一手的材料，他认为俄共的经济政策必须改变。1920年2月，托洛茨基要求重新审议粮食收缴制度。他表示，政府要求农民上缴所有粮食激起了农民对现行政府和制度的强烈不满，也导致各地农民起义的频繁爆发。他提议改用缓和的收缴制度，准许按农户家庭人口收缴部分粮食，余粮可以供农民自行交易。托洛茨基认为，只有推行这种机制，才有可能打破饥荒—暴乱的恶性循环。

这是一个实用主义的提议。托洛茨基的动机大抵不是体恤农民，而只是不想再将军力分配到镇压农民暴动上。通常，列宁也确实愿意将政策调整得更为实际，但这次不一样。1918年到1919年，为了应对粮食供应短缺，他支持国家收购农民所有的余粮。在内战期间他就表示，富农囤积居奇是饥荒的起因，而因为实行了正确的收购政策，镇压了富农，现在苏俄已经不存在粮食短缺问题。因此，他否定了托洛茨基的判断。在中央委员会的会议上，列宁和托洛茨基展开了激烈辩论，列宁愤怒地指责托洛茨基是在支持"自由贸易"。由于这是英国资本家在19世纪提倡的经济政策，这种指责对托洛茨基造成了巨大的伤害，他显然不愿意跟理查德·科布登、罗伯特·皮尔和约翰·布赖特这类英国自由贸易的推动者站到一个阵营里。列宁的指责也确实有失公允，因为托洛茨基并没有提出要对粮食交易进行无限制的或者是永久性的改革，也没有打算将这个改革推广到国家其他方面。但列宁显然是多数派，会议以11票对4票否决了托洛茨基的提议。

通常当列宁在中央委员会和别人争论时，总是能控制住自己的情绪。但这次显然并非如此，列宁对托洛茨基大发其火，大概是因为他不想让托洛茨基掺和经济政策，托洛茨基只要好好地当军事委员就够了，至于日常事务，列宁觉得完全应该由自己说了算。此外，他也认为既然国家已经开始实行经济国有制，就不容再做任何退让。

与列宁相比，托洛茨基的优势在于他不断前往前线，因此对俄国的外省有比较充分的了解。相比之下，在十月革命后，列宁对这个国家的感受，仅限于莫斯科、彼得格勒和莫斯科城外的几个小村庄，以及基层官员向克里姆林宫发来的信件。但列宁对俄国状况的了解，还是超出了很多人的想象。他每天都会去克里姆林宫附近的街道上散步，这让他的保镖们感到很不安，批评他太过随意，而他则反唇相讥，抱怨说自己丧失了从市民到人民委员会主席的各项人权。走在街头时，列宁非常注意细节，常常会关注那些乞丐或是看起来衣衫褴褛的人。他意识到了俄国的饥馑与混乱。列宁自己不也成为过这种混乱的牺牲品吗？他曾经在莫斯科的近郊被强盗打劫过。他甚至连自己的保镖也不敢完全相信：有一次，他在走出办公室后，又折回去拿外套，结果发现他的一个保镖正在把玩他的勃朗宁手枪，在他大发其火的情况下，这位大胆的保镖才不情愿地将手枪还给了他。

普通工人、农民接受马克思主义的信条，开始从言行上向训练有素

● 1920年3—4月,俄共(布)第九次代表大会期间,列宁在克里姆林宫斯维尔德洛夫斯克大厅的讲台上

的共产主义者靠拢，要走过一条漫长的道路。就在克里姆林宫里，一个清洁女工曾经当着列宁的面说，只要她能按时领到工钱，她才不管是谁掌权。娜杰日达·克鲁普斯卡娅曾遇到过更加尴尬的情况。有一天，她在人民教育委员会的一位女同事告诉她，今天没有理由，但她就是不想上班；既然工人已经当家做了主人，她就有权利在不想上班的时候不来。还有一次，列宁夫妇穿过莫斯科的一座桥，这座桥保养得相当差，一位路过的农民说："说起来不好听，但这就是苏俄式样的桥梁哩。"不过这句话反而给了列宁灵感，不久，在形容新竣工的纪念碑或礼堂时，他开始用"苏式"来形容。列宁在十月革命前，没有想到教育群众是一项如此巨大的工程，他显然对工农的漫不经心感到很失望，但却不愿意直接批评他们。甚至在克里姆林宫的建筑工人私自夹带木料时，他也不想直接表达不满。这种态度让妻子娜杰日达很意外，她对列宁说："你，弗拉基米尔·伊里奇，你是管大事的人，是不是以后就不把这种小事放在眼里了？"

1920年4月，对列宁的个人崇拜进入了新阶段：全党庆祝列宁的50岁生日。4月23日，俄共（布）莫斯科委员会举行了庆祝列宁生日的晚宴，斯大林和高尔基等人致辞。当晚，列宁本人也做了简短的演讲。虽然是他的生日庆祝会，列宁仍然举止严肃，言辞也不改激烈，一上场，他就提醒俄共不要因为成功而自大，他指出最大的困难还在前面等候着他们。最后，他提醒众人："所有布尔什维克党的个人以及全党，都必须将面临的危险牢记在心。"

在1920年上半年，列宁几次三番对俄罗斯工人阶级的"懒惰"表示不满，他认为只有强有力的秩序，才能帮助制约工人，提高劳动生产率。此时，斯大林被任命为国家监察部人民委员，列宁数次向斯大林强调，只有加强控制，才有可能让工人们学会自觉地遵守劳动纪律。一次，斯大林征求列宁的意见，询问监察部的工作任务究竟是什么，列宁回信说：

"目标是要确保所有工人,除了男工人,更重要的是女工人,接受工人和农民监察部的指挥。"

● 斯大林与苏俄的政要们坐在台下,倾听列宁的讲话

● 1920年5月1日，莫斯科。列宁签署斯维尔德洛夫广场的马克思纪念碑的单据

● 1920年5月1日,莫斯科。列宁为斯维尔德洛夫广场的马克思纪念碑铺第一块石头

● 1920年5月1日,列宁在斯维尔德洛夫广场马克思纪念碑的地基上讲话

● 列宁，莫斯科，1920年4月23日。
此时苏俄正在和波兰作战，内战接近尾声，国内饥荒严重，
困扰新政权的阴云尚未消散

败局与求和

波兰是第一次世界大战的受益者。1918年11月，波兰共和国临时政府宣告成立。波兰人民在经历了123年的亡国之痛后，终于在一片废墟上重建了自己的国家。在品尝到久违的自由的甘美的同时，波兰人心中也在孕育着狂热和梦想。昔日的侵略者和压迫者——俄国，现在已伤痕遍体、自顾不暇，而且面临着几乎全世界的敌视和攻击，波兰人想当然地认为恢复祖先荣耀的千载难逢的机会到了。波兰临时政府的首脑毕苏斯基提出了"从海到海"的口号，即从波罗的海到里海，全面占领乌克兰第聂伯河地区和白俄罗斯，恢复1772年波兰全盛时曾经拥有的版图。

从1919年4月开始，波军对苏俄进行了一系列试探性的攻击。当时红军的主要精力放在东、南两线，无暇西顾，这使得波军进展顺利，先后攻占了维尔纽斯、明斯克等重要城市。1920年4月25日，在协约国集团的支持下，毕苏斯基率军突然向苏俄发动了直接进攻。英、法、美等国对波兰的这次进攻寄予厚望。美国为波兰政府提供了1.1亿美元的军用物资和粮食，法国提供了大量的武器装备，波军两个星期内就推进了200公里，很快占领了日托米尔、卡扎京和基辅，并占领了白俄罗斯的大片领土。

面对严峻的战场态势，5月4日，图哈切夫斯基被任命为苏俄西方面军总指挥。针对波军凶猛的进攻，图哈切夫斯基果断采取以攻对攻的策略，虽未取得预想的战果，但初步遏制了波军的势头，分散了其兵力。随后，经过充分的准备，图哈切夫斯基指挥发动了七月战役。从7月4日到7月23日，红军先后收复基辅、布列斯特—立托夫斯克、明斯克、维尔纽斯、格罗德诺等重镇，冲垮了敌军所有坚固的战略防线。毕苏斯基在他的回忆录中写道："图哈切夫斯基的军队在运动中创造了一种不可战胜的形象……就像暴风雨伴随着乌云即将来临一样，在它面前，国家在颤抖，意志在动摇，士兵们惊恐不安。"

红军兵临华沙城下，波兰的失败近在眼前。协约国开始力促苏波双方和平谈判。苏俄代表在条约中先后提出："波兰政府应压缩其军队规模至5万人。为了维持秩序将组织工人民兵队。""禁止在波兰生产武器和战争物资。""波兰承担责任，为在战争中战死、受伤或致残的公民家庭分土地。"英法两国公开建议波兰接受苏俄的和平条件，但是毕苏斯基拒绝了。他要找出一个方案，拯救华沙，拯救波兰，也拯救他自己。

在华沙城里一片恐慌的时候，红军将领们则一派喜气洋洋，也正因此，他们做出了一个致命的判断。红军总司令加米涅夫来到明斯克，在对形势进行研判后，他认为华沙之敌已不具威胁，原定的西方面军和西南方面军合力进攻华沙的计划已经不再符合实际，因此决定由图哈切夫斯基单独进攻华沙，西南方面军则改为进攻利沃夫。他命令图哈切夫斯基不得晚于8月12日占领华沙。

图哈切夫斯基在领受任务的时候没有提出异议。他对即将到来的华沙之战还是很乐观的。不幸的是，毕苏斯基敏锐地发现了红军的这个破绽，并且毫不犹豫地行动了。8月13日，红军的初次攻势被击退。波兰第一军团抵挡住了对华沙的直接进攻。

到了8月16日，毕苏斯基指挥后备军全面投入反攻。波军贯彻了毕

1920年,伯特兰·罗素会见了列宁,这位具有远见卓识的哲学家表示:列宁全神贯注地注视着来访者,大概因为左眼视力有问题,他看人时经常眯起一只眼睛。罗素在《布尔什维主义:实践与理论》中写道:"我逐渐感觉到他的笑声里有某种阴沉的味道。列宁表现出绝对的威严,他沉着、无畏、毫不自私,总的来说,他可称得上是理论的化身。我感觉到,唯物主义的历史概念犹如新鲜的血液涌动在他的血管里。……我有一个印象,就是他对很多人都是蔑视的,他是一位精神贵族。"

苏斯基的计划，从南面出击，找到敌军方面军之间的巨大缺口。波军两支部队继续向北追击，到达图哈切夫斯基的后方，8月18日把其大部分部队包围。前线中央的苏军陷入一片混乱。图哈切夫斯基下令全军向布格河撤退，可是他那时根本无法与大部分在华沙附近的部队联络，所有计划因为通信问题而变得乱七八糟。苏军没有秩序地后撤，各个师陷入恐慌并瓦解。

面对战事的暂时受挫，列宁的斗志仍然高昂。他强调，和平是革命的前奏，面对欧洲革命和世界革命风起云涌的时机，暂时的退让，是为了给其他国家的布尔什维克以喘息之机。他已经在构建一个苏维埃联盟的蓝图，跟斯大林几次谈起过这个宏伟的计划，斯大林清楚地记得列宁眼中闪耀的光芒。不过，对于其他国家进入联盟的形式，两人之间有一些微小的分歧。斯大林觉得德国不可能心甘情愿充当附属品，要求加入苏维埃的这个联盟。他也认为一些国家，比如乌克兰，无论如何都不能在这个联盟里跟苏俄平起平坐，列宁因此批评斯大林犯了沙文主义的毛病。虽然如此，两人都相信，他们绘制了整个欧洲大陆社会主义运动的蓝图。在共产国际的会议上，他们一再强调，各国左派政党都必须而且只能遵循苏俄的道路。

但在过去这两年里，德国的历史教育了列宁：千万不要高估德国左翼政治团体的实力。德国共产党在1918年底成立后，对德国工人阶级的影响力非常小。因此列宁明白，即使红军攻入柏林，单靠德国共产党的力量，也不足以发起成功的社会主义革命。列宁自己想了个计划。在他看来，根据《凡尔赛条约》，德国事实上已经成为殖民地，因此，德国共产党可以以发动国家解放运动为由，先联合德国极右势力抗击英法等协约国的奴役，而趁着战争的混乱劲儿，德国共产党便可以与极右政党争夺对国家的统治权。

在列宁看来，这个计划完全是出于常识。为了追求战略目标，政治家需要学会变通。但他的德国同志们却无论如何都无法接受。他们成为共产主义者，或多或少是受了列宁和苏俄的影响，列宁曾经要求他们遵守马克思主义的信条，而现在，同样的列宁，怎么可以要求自己不仅要与其他社会主义者，而且要与最黑暗的政治团体结为同盟？

与此同时，列宁的个人生活即将发生最可怕的变化。

● 列宁，1920年5月1日，莫斯科。国家总舵手的日子并不好过，1920年，苏俄既没有煤，也没有石油，甚至连劈柴都不够用

● "劳动解放"纪念碑落成后,列宁和卢那察尔斯基在一群朋友中 。 1920年5月1日,莫斯科

● 列宁在克里姆林宫广场上。"老头子"难得和颜悦色、笑逐颜开。莫斯科,1920年5月1日

1916年时列宁说自己已经46岁了,是个"老头子"了。1920年,列宁50岁,他的生命只剩下四年,能够工作的时间已经不到三年。"老头子"难得和颜悦色、笑逐颜开。据列宁的姐姐安娜和办公室的工作人员回忆,列宁在大多情况下都保持冷静理智,很少有过分流露个人情绪的时候,极少表现出异常的高兴和极端的悲痛。他不允许在自己身上有不能控制的情绪,始终集中精力治理着百废待兴的国家。

● 1920年5月5日，在莫斯科的斯维尔德洛夫广场，列宁向即将出发上前线与波兰作战的军队发表演讲。列宁讲到激动处，手里拿着帽子，身体前倾倚在讲台上

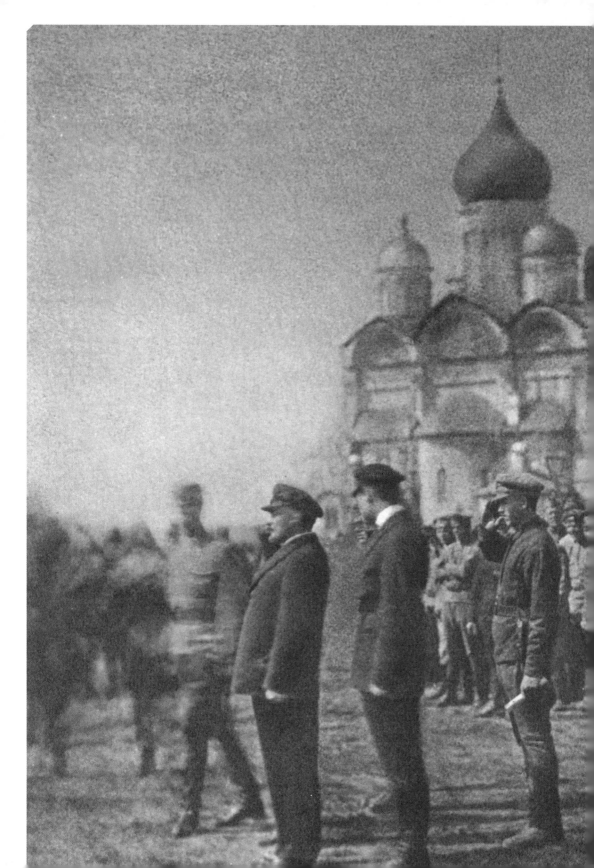

- 1920年5月12日,列宁在克里姆林宫广场上进行机枪首次应用的操作检阅

● 1920年7月19日，彼得格勒。列宁在共产国际第二次代表大会期间

● 1920年7月19日，彼得格勒。列宁在纪念战争受害者的革命广场与人谈话

● 1920年7月19日，彼得格勒。
在共产国际第二次代表大会上，列宁在革命广场发表讲话

● 1920年8月，莫斯科。共产国际第二次代表大会上，列宁在克里姆林宫与叶·德·斯塔索娃交谈

- 1920年7月19日,彼得格勒。列宁身体前倾,在共产国际第二次代表大会上报告国际形势

- 1920年7月19日,彼得格勒。列宁在共产国际第二次代表大会上向与会代表发出呼吁

● 1920年7—8月,莫斯科。列宁在克里姆林宫共产国际
第二次代表大会一次会议上

● 1920年7—8月,莫斯科。列宁在克里姆林宫共产国际第二次代表大会上阅读文件,他的面庞上沟壑纵横

伊涅萨去世

一份电报躺在列宁的书桌上，分了好几次，他才把电报的内容读完："机密。致莫斯科，人民委员会，列宁。伊涅萨·阿尔曼德身患霍乱，抢救无效，于1920年9月24日病逝。即刻将她的遗体送回莫斯科。纳扎罗夫致。"这条消息对列宁的打击极为沉重，因为就在当天早上，他在高加索的部属还跟他保证说，伊涅萨的病情稳定，与儿子都受到了很好的照顾。列宁陷入了深深的自责，因为伊涅萨曾想去南边，比如法国休养，但他打消了她的念头。为什么不让她去法国呢？怎么会得上霍乱呢？医生怎么就治不好她的病呢？他的内心受到了巨大的撼动。亚历山德拉·柯伦泰是列宁与伊涅萨两人的老相识，她后来说："没有伊涅萨·阿尔曼德，他也活不下去。伊涅萨去世的消息，让他本来虚弱的身体又遭受了致命的打击。"

列宁与伊涅萨在法国相识，曾经迫于压力分开过一段时期，但列宁最需要安慰的时候，比如在1918年8月遭到刺杀后，他最想见到的人仍然是伊涅萨。他没有最亲近的朋友，他最关心的人，除了自己的母亲，就要属伊涅萨·阿尔曼德了。他给她的最后一封信，写于1920年8月中旬，在信中他写道：

> 亲爱的朋友，
>
> 得知你现在身心疲惫，不喜欢现在的工作，跟同事也处不来，我真是很难过。我就不能为你做点什么吗？比如送你去疗养院？我会很乐于为你做任何事情。假如你想去法国，我当然也会帮你达成愿望，但我有点担心，事实上应该说是害怕，我真的怕你会遇到麻烦……你会被他们逮捕，关上很长时间……你千万要小心。去挪威（那里说英语的人很多）或者荷兰会不会更好？或者以法国人、俄国人（或者是加拿大人）的身份去德国？最好是别去法国，他们会把你关入牢里，而且我不管拿什么去交换，他们都不会情愿。最好是别去法国。
>
> 我过了个非常愉快的假日，晒黑了，没读一行书，没接一个电话。打猎通常都是件很开心的事情，但这次我的情绪不好。到哪儿我都能听到你的名字，"他们在那儿过得很好"云云。假如不愿意去疗养院，你为什么不去南方呢？去高加索如何？谢尔盖会为你安排好一切，你就只管休息、晒太阳，做自己喜欢做的工作。考虑一下这个提议好吗？

照习惯，他签名"你的，列宁"。

列宁之所以到哪儿都能听到伊涅萨的名字，是因为他度假的地方离伊涅萨前夫家非常近。至于他为什么会想到在8月的天气里在莫斯科近郊打猎，这就不得而知了。一个合理的推测，是他无法与伊涅萨共同生活，但又想听到她的消息。

在同日，作为苏俄领导人，他写了另一封信：

> 致相关人士。我希望你尽可能在任何方面，帮助作家伊涅萨·阿尔曼德同志和她的长子，要给他们最好的照顾。这两位同志是我的老友，我要求你能给予他们完全的信任，并且尽可能支持他们。

在1912年列宁夫妇搬离巴黎后，列宁与伊涅萨就几乎没有机会重新相聚，双方只能靠书信和电话交流。列宁在党内事务上，越来越倚重伊涅萨。1917年1月，列宁判断瑞士可能会卷入"一战"，因此写信告诉她，"法国将立刻拿下日内瓦……所以我想着，要把党内经费交给你来保管（你需要准备一个结实的包来盛放现金，因为银行在战时不会给你钱）……"。

1916年到1917年，在列宁准备回俄罗斯时，他给伊涅萨写信，比给其他任何人都更频繁。当听到二月革命的消息时，他通知的第一个对象就是伊涅萨；她也是第一批与列宁同车从瑞士返回俄国的党员之一。

革命很快令伊涅萨付出了代价。先在彼得格勒，后来在莫斯科，她在中央委员会和莫斯科经济事务委员会中都身居要职，而她对待工作也极其勤勉。1919年，她出访法国，与当地政府协调俄军回国一事，此外她还要为报纸撰稿。她与列宁见面的机会越来越少，不过，他们偶尔还可以用电话交谈。他的地址本里也一直保留着她在莫斯科的住址，不过他只去过两三次。

有时他给她打电话，临时号码31436，有时则捎张小纸条，比如这张在1920年2月写的纸条："亲爱的朋友，听说您生病的消息，我想给您打电话，但电话没通。我会派人来修电话。"还有一次他写道："请告诉我，您哪里不妥。这个时节很容易生病：肺炎、流感、西班牙大流感、霍乱。我刚刚起床，不想再出门了。娜杰高烧39度，但她还想见到您。您是不是也在发烧？家里还有药吗？我求您，千万要跟我说老实话。您一定要好好的！"随后他致电人民委员会秘书处，请他们派医生去看伊涅萨，随后又写了封短信："医生来了吗？您要好好听医生的话。电话好像又坏了。我已经叫人去修，请让您女儿打电话给我，告诉我您现在的情况。您一定要遵从医生的嘱咐。（娜杰今天早上的体温是37.3度，但现在又升到了38度。）""假如烧到38度或是39度还要坚持出门，那简直是疯了。我诚恳地请求您，千万不要出门，告诉您女儿，就说是我说的，我请她们好好看护您，直到1）您的体温恢复正常；2）医生批准了，才能让您出去。（今天早上，2月16日，娜杰日达·克鲁普斯卡娅的体温是39.7度，到了晚上退到38.2度。医生们说她得了扁桃体炎。他们会治好她的。我自己非常健康。）你的，列宁。"

《列宁全集》中收录了列宁给伊涅萨的信件，但信中的一部分被删除了。原文这样写道："我从来没跟人说过，但我这一辈子，只敬重三位女人！我从来没说过。我写信给您，想要告诉您，唯独只对这两三位女人，我感受到了最诚挚的友谊和最绝对的信赖。"看起来，信中说的"这两三位女人"，是列宁的母亲、妻子和伊涅萨。

革命无疑令列宁与伊涅萨之间的距离更加遥远，但他们对彼此的感情却更加深沉。她被繁重的工作压得身心俱疲，而他只能不断靠电话和短信来表达自己的支持。有时，他写来的短信让人惊异地发现，他竟然可以如此关心一个人生活中的琐碎细节。一次，他写道："伊涅萨同志，您穿多大码的胶鞋套？我想为您弄几双。写信告诉我，您现在的身体怎么样？是不是最近又有点不舒服？看过医生了吗？"他为她寄去英国报纸，还几次派医生去看她。但是到了1920年，伊涅萨觉得再也无法承受了，她写信给列宁："我亲爱的朋友，这里的情况就跟你看到的一样，工作永远也做不完。我已经开始放弃了，我怎么这么没用啊？别的同志好像根本不需要睡眠似的……"

在生命的最后一个月，伊涅萨去高加索疗养时，还坚持写日记，而且这几篇日记奇迹般地保存了下来。这最后几张用铅笔潦草涂抹的日记，比列宁的公开传记，更能真实地说明他们的关系：

> 1920年9月1日。现在总算有时间了，虽然感觉脑袋很重，饭量变得很大，但总算可以天天写点东西了……我有种特别想独处的奇怪愿望。身边的人都在一个劲儿地说话，根本不理会我是不是有说话的意愿，这让我感觉精疲力竭。这种内心枯死的感觉，什么时候才可能过去呢？现在，我几乎不会笑了，虽然一个人总得微笑那么几次才叫正常，但我内心没有喜悦的感受，因此实在是笑不出来。我对大自然也无动于衷，这让我自己都纳闷，因为通常我很容易被大自然所感动。我还发现自己不喜欢周围的人群了。以前，我对每个人的感觉都很温暖，而现在，我觉得自己对谁都不关心。只有对我的孩子们和V.I.，我的这份温情还保留着。而在其他任何方面，我觉得自己的内心都已经枯死，我大概是将所有的力量与所有的激情都用在了V.I.和工作上面了。而现在，爱情已经枯萎，对人们的感情已经消逝。只对V.I.、孩子们和少数几个同事，我还有那么一点儿感觉。人们都能觉察得出来，因此，他们对我报以同样的冷漠甚至是憎恶（而那些原本是爱我的人）……我已成一具行尸走肉，这太可怕了！

9月11日，就在去世两周前，她写下了最后一篇日记，这篇日记谈的仍然是爱，她写道：

> 比起社会生活，爱的重要性似乎不值一提，再深刻的爱情也及不上伟大的事业。没错，在我的生活中，爱仍然占据了很

> 大一部分，爱令我备受创伤，也占据了我大量思绪。但我每时每刻都要提醒自己，爱情与个人的关系，无论如何也不能与斗争的需要相提并论……

1920年9月24日，伊涅萨去世，列宁要求将她的遗体立即运回莫斯科。当时，死亡实在是一件微不足道的事情，很多人没有棺材就直接下葬了。当地政府显然是没把这位并非革命烈士的死者当一回事，没有按莫斯科方面的要求为她开专列。一直到10月11日，她的遗体才被运回莫斯科。

盛放她的，是个巨大而丑陋的铅制棺材。因为她已经去世了一段时间，棺材完全密封。她静静躺在苏维埃殡仪馆的一间小屋里，只有少数人来与她告别。房间里摆放了一些花圈，其中有一个用白色风信子扎成的花圈，上面的缎带上写着"V.I.列宁，致伊涅萨同志"。次日举行了葬礼，几乎没人去向列宁致意。共产国际官员阿吉丽卡·巴拉巴诺娃在现场，她注意到："不光是他的脸，连他的整个身体都传递出巨大的悲痛，我从来没有看过有哪一个人，如何深刻地被悲伤所击穿，而他还要拼命克制住自己，拼命不想让别人注意到自己。我因此不敢走上去跟他打招呼，甚至连目光都不敢跟他接触。他看起来好像小了一圈，帽子几乎将整张脸遮住，虽然一再努力，但还是泪如泉涌。等到他们那排同志往前面挪时，他一下子就向前冲了出去，好像是急于想要离死者更近一点。"一些在场的同志后来纷纷回忆说，列宁看起来随时都有可能倒下。他目光悲哀，似乎谁都看不到，他的面孔笼罩上了永不磨灭的悲伤。

列宁并没有记录下自己的情感。他一直写日记，而且日记中的内容非常琐碎：物质上的愉快，工作，下棋，但他情愿将与伊涅萨的感情关系，深埋在自己的心中。他们之间的大部分通信的去向，也都无人得知。

社会主义试验

1920年的冬天，列宁开始苦苦思索国家政策。对于自己坚持要执行的战时政策，他并无半点悔意。虽然这些政策令经济低迷、激起群众暴动、使国家在经济上失去外援，并且在波兰遇到了难以想象的失败，但是，他顶多愿意承认，在占领波兰的问题上，他确实犯了点错，但在其他方面无可指摘。不过，他也渐渐意识到，如果政策再不改变，老百姓，尤其是贫困的农民确实有可能举行一次大暴动，推翻新的政权。列宁的新想法很简单。他建议不再收缴农民的余粮，改为向其征收实物税，可以允许农民在当地市场上交易农副产品。私下交易粮食同样是可以允许的。"新经济政策"可以恢复城乡间的贸易往来，也可以有效地结束苏俄大地上的饥荒、贫困、病痛与群众暴动。在1921年2月8日的人民代表大会上，列宁阐述了他的想法。

列宁并没有说明自己为什么改变了对粮食问题的态度，但他确实自1920年12月起，在苏维埃第八次代表大会上，开始频繁与农民代表讨论，又在接下来的几个星期里，向农民代表团们做了数次演讲。他也去莫斯科郊外的农村走访了好几次，跟当地农民进行直接的交流。他已经意识到，自己的一些政策没有得到最基层群众的广泛支持。很快，他的想法得到了印证，几名党员先后找他，谈到了同样的问题。其中一个是V.N.索科洛夫，他大老远从西伯利亚赶到莫斯科，向列宁详细讲述了他亲眼在乡间看到的骚乱与动荡。在2月2日的私人会面中，他郑重地向列宁提出，如果情况再不改善，可能会引发一场大灾难。

从坦波夫省回来的布哈林也支持列宁的政策。坦波夫省位于伏尔加河流域，领导当地农民暴动的是社会革命党人A.S.安托诺夫。抛开意识形态的分歧不论，布哈林确实意识到，很多农民之所以参与暴动，就是因为战时共产主义政策，一场突如其来的旱灾，更令陷入饥饿的老百姓对苏维埃政府充满了怨恨。政府只能出兵平息这场暴动，但坦波夫暴动留给列宁的是更深层次的思考，他知道十月革命的成果面临威胁，战时征粮政策一定要废除，现在必须要采取措施进行农业改革了。

列宁是个行事极其谨慎的人，他不愿意只听取一方面的意见，因此找来了一些外省的农民，要他们跟自己说说真心话。其中一位农民叫奥西普·切尔诺夫，听说列宁想要见他时，他甚至不敢相信这是真的。为了做好准备，他将要说的话用铅笔写在了纸上。切尔诺夫对列宁讲述了一些西伯利亚地区农民生活的真实状况。他特别强调说，这里一些相对较富的农民，与自己贫穷的邻居一起，肩并肩抗击过高尔察克，将他们当成反对苏维埃的人来看待，对他们不公平。切尔诺夫指出，在西伯利亚，事实上富农并不会给共产主义制度带来什么威胁：

> 当我读完这段话后，他向我提了个问题："你是什么出身？"我告诉他，我的家人是被放逐到西伯利亚做苦力的囚犯，我本人也因为曾加入过社会革命党，而被判服劳役，但现在我认为自己是无党派人士，在西伯利亚有自己的农场。

按照布尔什维克的阶级划分方法，切尔诺夫按理说应划成"富农"，余粮全部都要上缴，而且有可能要被执行死刑。但列宁需要见见有文化而且敢于直言不讳的基层农民，切尔诺夫令他对农民的真实生活与想法有了一定的了解。

在人民代表委员会会议上，列宁明确地提出了自己的主张：余粮收购政策必须废除。最重要的问题，仍旧是如何才能保住十月革命的胜利果实。工会问题固然是列宁所要面对的永恒的议题，但目前来看，更迫切的是如何解决粮食政策问题。只有党解决了征收粮食这个最根本的问题，才能在此后几年中陆续解决其他战略性的议题。

严格说来，"新经济政策"并非列宁的创举。在农业政策层面，孟什维克和社会革命党从1917年就开始提倡类似的政策，而在1920年2月，几乎同样的理念也曾被托洛茨基提起过，但在当时，托洛茨基遭到了列宁强烈的批判。现在，托洛茨基当然可以反唇相讥，指责如果不是因为列宁的固执，这项政策可以提前一年实施。但是必须要承认，如果没有列宁的固执与推动力，这项政策确实无法推行下去。也正因如此，不管是哪个国家的传记作家，几乎都承认一点：列宁有两个最卓越的贡献，一是推进签署了《布列斯特条约》，另一点就是实行了"新经济政策"。诚然，"新经济政策"并不如《布列斯特条约》甚至其后的"工会问题"那样有争议性，但这并不是说，列宁的前进道路上就完全没有阻碍。他必须要说服人民代表委员会、中央委员会和党代表大会，此后，他还必须推动苏维埃立法通过该政策。

并不是全体委员都参加了这次会议。从1920年11月以来，托洛茨基和季诺维也夫就"工会问题"展开了针锋相对的争议，前者提倡在工会中实行军事化管理，后者则认为工会应扩大民主，现在两人都在乌拉尔河流域征战，希望以此来提高自己的威信，在即将到来的党代表大会上取得更广泛的支持。所以参加会议的委员，只有列宁、加米涅夫、斯大林

● 1921年4月25日,列宁在莫斯科。这一年是实施"新经济政策"关键性的一年

和克列斯廷斯基四人。他们认为四人已够法定人数。与会人员听取了农业委员会委员尼古拉·奥辛斯基的报告，列宁随后拿着一页纸的简单提纲，介绍了"新经济政策"的纲要，政策随即得以通过。大家决定由加米涅夫牵头成立一个工作组，完善政策细节。人民代表委员会做出的这一决定，其后并未对外界公布。一直到1921年2月16日，由于担心群众暴动升级，人民代表委员会决定在《真理报》上刊登支持农业改革的文章，而此时改革还未得到党中央委员会的全面支持。

在2月24日召开的党中央委员会上，列宁的"新经济政策"并没有得到无条件的支持。不过，此时这个国家所面临的局势，也越来越紧张。在彼得格勒、莫斯科和其他几个大型工业城市都陆续爆发了大规模罢工。克隆斯达军港发生了兵变，季诺维也夫当时身在彼得格勒军事基地，他甚至不知道自己有没有可能将这次兵变镇压下去。在伏尔加河地区、乌克兰、俄罗斯南部和西伯利亚西部各地，农民不断发动暴乱，甚至连莫斯科也不断发生小规模骚动。即使面对这么紧张的局势，在党中央委员会上，列宁的提议还是碰到了不少阻力。但他和托洛茨基联手说服了各位委员，在3月7日召开的会议上，再没有一位委员对人民代表委员会提出的农业改革方案表示反对。

3月8日的第十次党代表大会，是列宁要面对的第三重任务。在这次会议上，斯大林的一批追随者被选入了中央委员会，而列宁则显示出了他的度量。他当然希望自己的派系依然占有多数席位，但他也同意托洛茨基派、民主中立派和工人在野党参加会议，他希望取得控制权，但他并不想羞辱少数派，也不愿意将批评的声音完全隔离出去。在代表大会的开幕词中，他承认在占领波兰的问题上犯了错误，但他也指出，目前对工人太纵容，因此剥夺了农民的利益。列宁指出，俄共必须着手裁军、经济改革，同时强化政治控制。同时他也提出，眼下的环境不再适宜他们在欧洲大陆继续推进苏维埃革命，德国、英国和其他各国的共产主义运动都处在休眠期，俄共的首要任务应该是恢复经济。在这次会议上，列宁遭到了前所未有的攻击，民主中立派等少数派别认为"新经济政策"是向资本主义的倒退，托洛茨基等人则指出列宁抛弃了国际主义。列宁听后勃然大怒，他在讲台上前前后后地踱步，要求彻底停止对党的攻击，并且再三强调，无论如何，推行"新经济政策"的决心不会改变。

在俄共（布）十大上，列宁与少数派的争论甚至到达了人身攻击的程度，因此列宁要求会议内容尽可能保密。党自1921年2月起，已经决定开始进行经济革命，他不希望外界知道，这个政策受到了如此强烈的抵制，也不希望在党内和共产国际中继续推进极左政策。1921年初，俄国的外交与外贸环境都在好转，他强调，此时不宜有任何对党的攻击。1921年3月16日，英苏贸易协定签署，其中一个条件便是：在大不列颠帝国的领土上，苏维埃政权应停止一切颠覆活动。两天后，在中立国拉脱维亚的首都里加，苏俄与波兰签订了停火协议。与土耳其的外资协定也同时签署。与美国和德国的商贸活动开始恢复。在列宁看来，苏俄的利益已经开始得到有效的保护。

在外界，尤其是外国人看来，列宁似乎对苏俄的现状非常满意，当他反复指出自己支持"和平共存"时，西方的不少人士都认为这位苏俄的最高领导人应该是一位反战主义者。可是与他相熟的俄国和国外共产主义者都深知，列宁相信，终有一日，在苏维埃俄国身边，将会出现苏维埃德国、苏维埃法国和苏维埃英国。但他愿意在恶劣的处境下，稍稍掩饰自己的想法。他仍然在不断地向世界各地派出共产主义活动家，支付大量的活动经费，并以中欧为最主要的活动目标。他没有一天放弃过在全球推进社会主义革命的信念。

在列宁看来，有一点非常清楚：共产国际必须谨慎行事，他们不能再鼓励法国人和英国人组织任何反政府活动，否则将会影响苏维埃俄国的安全。在1921年6月23日于莫斯科召开的共产国际第三次大会上，他最主要的任务就是促使所有国外共产主义者理解他的想法。对于诸如卡尔·拉狄克和贝拉·孔之类的激进分子，他一直保持着警惕。但在这次大会上，仍然有不少代表"冥顽不化"，比如德国共产党，他们还是坚持认为应该继续想办法夺取政权，走列宁领导的布尔什维克在1917年10月走过的路。列宁对他们大发其火，他声称德国人没有搞清楚俄共当年的情况，声称当年俄共是在夺取了"工农代表苏维埃的大部分席位"后，才发起了对临时政府的攻击。不过事实似乎并非如此。在十月革命后，俄共也依然没有取得苏维埃的大部分选票，但在内战后期，不光是大部分布尔什维克，恐怕连列宁本人都相信，他们早就已经成为多数党。到了7月12日，在共产国际三大快要结束时，列宁终于说服了绝大多数代表。

少数代表，尤其是匈牙利人贝拉·孔，觉得列宁的批评攻击性太强。对此，列宁大度地表示道歉，他在一篇文章中反省了自己曾经的过失，表示所有人都应该冷静下来，回去审视自己的错误：

> 我在共产主义的写作中，也犯过操之过急的毛病：我自己在国外流亡阶段（这个时期长达15年之久），有好几次站在了"极左翼"的立场上（如今我才真正意识到了这个问题）。在1917年8月，当时我仍然流亡国外，也对中央委员会提出了过左的提案，好在这个提议被完全否决了。

列宁想让共产国际相信，只有他最明白如何更好地保护革命果实。眼下，苏俄的处境确实不错，除了原先由沙皇统治的波兰和巴尔干地区，原有的俄罗斯帝国偏远地区已经被悉数收回。红军镇压了克隆斯达军港兵变，叛军首领被杀，其余的军人被悉数转移到了俄国北边的强制劳动集中营。坦波夫暴动也被控制了。契卡负责监视各地工人罢工的情况。在阿塞拜疆、亚美尼亚和格鲁吉亚各地流窜的叛军也被逐步歼灭。"新经济政策"开始初步显示作用,农民可以向任何人出售余粮,小业主和商人也渐渐返回城市。在共产国际三大闭幕前几天,列宁就已经疲惫不堪,躺倒下来,甚至没有气力参加闭幕式。但1921年对于他来说是成功的一年。没有列宁,就没有十月革命;同样,没有列宁,苏俄或许就不可能坚持到1921年年底。

每个人都应有面包、耐用的鞋子和整洁的衣服,有温暖的房间,也应当自觉地工作;无赖们(包括所有逃避做任何工作的人)不可以随意晃来晃去,而应被送进监狱,或者被强制劳动,而且要做最繁重的体力活。

第五章

再见

268
病中治国

286
《弗拉基米尔·伊里奇生命的最后六个月》

307
世界上首位被保存起来的社会主义国家元首的遗体

列宁

列宁 Ленин (1870—1924)

1920年10月,列宁在克里姆林宫他的办公室里会见英国作家威尔斯,谈话中列宁眯缝着眼,抬起手在文件上做手势。

在威尔斯的回忆中,列宁身材不高,坐在转椅上,脚刚刚接触到地板,胳膊肘撑在一叠文件上。列宁面孔微黑,表情变化非常快,谈话中一直保持着快活的微笑。威尔斯写道:"不管马克思怎样,共产主义始终会成为一种巨大的创造力。同这样一个非凡的人物会见,他那富有生气的形象深深感动了我。他坦率地承认建成共产主义的巨大困难和复杂性,并且为了实现这个目标他将毫无保留地贡献出自己的全部力量。无论如何,他是看到了未来的经过改造和重建的世界的。"这位在科幻世界畅游的小说家对于俄国未来的设想和列宁并不一致,在关于俄国城市的消亡和工业的改造以及帝国主义的问题上,他们的争论最终也没有取得一致的意见。

● 列宁在他克里姆林宫的公寓里。多年的政治生涯让列宁已经习惯照相机了,怀里的小猫倒是正襟危坐,两只眼睛紧盯着镜头

● 1920年秋季，在克里姆林宫列宁的公寓里，列宁和克鲁普斯卡娅、德米特里·伊·乌里扬诺夫、葛·亚·罗泽葛池姆、安·伊·叶利扎罗娃、玛·伊·乌里扬诺娃

● 1920年11月14日,列宁和克鲁普斯卡娅在节日中和莫斯科省沃洛科拉姆斯克县卡希诺村的农民在一起

● 1921年11月28日，列宁在莫斯科，疾病和苦难把他折磨得疲惫不堪

● 1921年11月28日，列宁在克里姆林宫的办公室里。高强度的工作给列宁带来了巨大的压力，他的慢性头痛和失眠症越来越严重，而且还遭遇了几次心脏病突发

● 1921年11月28日，莫斯科。列宁在克里姆林宫的办公室里与美国经济学家克里斯滕森举行会谈

病中治国

在1921年中期,列宁觉得已经没法再胜任自己的工作。问题并不是他在智力或政治管理上的能力不够,而仅仅在于他的身体。他自小就不是个非常健康的人,而现在,他的身体状况正在急剧下滑。他没法做完一整天的工作。列宁每天的工作极其繁重,以6月21日一天的行程为例:上午11点钟,他坐车从哥尔克出发去参加政治局的一个会议,会议的议题包括整肃党风、饥荒、共产国际三大、税收、美国使节来访、中国政府提出移交白军等。通常在一次会议上,人民委员会要处理20到40个类似的问题。列宁一般多听少讲,其间还要批阅一堆文件。晚上的会议从6点钟开始,在这之前,列宁做他最喜欢的事情:手写或口述短信。这一天,他至少给12名政府官员写了短信。此外,他还读了邮件和电报,签了几份经济政策文件,打了数通电话。到了晚上,他主持召开人民委员会会议,又讨论了几十项议题。接下来,他继续写短信,要求与会人员安静,不要在下面开小会,假如有人在开会期间进出会议室,他立刻会表现出不满。

如此高强度的工作,给列宁带来了巨大的压力。他的慢性头痛和失眠症越来越严重，而且还遭遇了几次心脏病突发。他还不断抱怨自己神经脆弱的毛病，在1917年2月，他曾写信跟妹妹玛丽亚说："因为我糟糕透顶的神经，我简直没法做任何工作。"列宁的神经系统一直就不太强壮，在听到某些重大事件，或者身处险境时，他常常会变得情绪激动、脸色苍白。拉狄克曾回忆说，1917年4月，当他们的火车经过瑞典前线时，一群士兵走进火车卧铺，"列宁跟他们谈起了战争，脸色变得惨白"。小提琴的琴声会令他难以忍受，他也受不了太聒噪的人。秘书丽迪亚·弗蒂耶娃说，1921年7月，列宁在克里姆林宫的房间需要翻修，他要求房间的隔板"完全隔音，而且地板绝对不能在踩上去时发出咯吱咯吱的声音"。

列宁身边的医生都很难对他的病情进行确诊，于是他转而求助自己当医生的弟弟德米特里。德米特里至少解决了他的一个症状，在仔细观察了哥哥的生活起居后，他提出哥哥喜欢在休息时玩九柱地滚球，在游戏时，拉伤了胃部肌肉。于是列宁不再玩这个游戏，而他胃痛的毛病果然大大减轻了。但除此之外，对于其他症状，德米特里和其他医生一样困惑。列宁深感郁闷，他本想将自己的病情瞒住，但因为他本人在注意到同志们身体有恙时，总是写纸条勒令他们赶紧休息，于是，1921年6月4日，政治局也向他发出指示，强行要求他搬到哥尔克的别墅休息一个月，只能在共产国际三大召开期间，偶尔回莫斯科几次。

列宁这次没有逞强。但休了一个月假后，他的病情仍然不见好转，7月8日，他自己提出申请，在接下来的一个月里需要减轻工作负担，申请获得了批准。到了8月9日，他的同事们又请他将休假延期，对此列宁也很坦率："我确实没法工作。"但在另一方面，列宁又感觉自己无法脱离政治生活，于是他不顾医生们的阻拦，继续主持人民委员会、中央委员会和政治局的会议，并且在12月出席了苏维埃代表大会。

此时，哥尔克的别墅正式成了列宁的行宫。这幢两层楼的建筑始建于18世纪，后经数次翻新，从外观到里面的家具都保存完好。房间有着高高的房梁，每间屋子都很大，制造出了安静惬意的度假氛围。楼后面有片茂密的森林，野兔常常在桦树林里穿梭。旁边还有个干净的小水塘，原先的屋主人们常常在这里钓鱼。别墅的南边流淌着帕赫拉河。由于房屋地势很高，哥尔克别墅的空气非常清新。对于列宁，这是个非常适宜的住处。

在周末时，妻子娜杰日达·克鲁普斯卡娅和妹妹玛丽亚会来这里陪伴他。他自己还希望在度假屋里，照样感受到工作的气氛，所以调来了克里姆林宫的女仆沙夏。除了原本的一条电话线，他又要求安装了一条新线，确保跟克里姆林宫的联络顺畅。书房的书架上，照他的要求摆放了400本图书，方便他随时查阅。他的司机斯蒂芬·吉尔弄来了辆劳斯莱斯轿车，停在房子旁边的车库里。这辆浅灰色的车是由人民委员会外贸部出面在伦敦购买的，外观优雅。不幸的是，劳斯莱斯在莫斯科的冬天里简直寸步难行，于是列宁允许对车进行改装，原有的车轮被拆下，前轮加装了防滑链，后轮装上了履带。劳斯先生和莱斯先生如果看到改装后的车，肯定会流下眼泪。

列宁是位很难取悦的房主人。他通常不喜欢室温太高，最高也不能超过15度，对此，他的医生之一、精神病学教授维克多·奥西波夫大感困惑。当然，奥西波夫知道以自己的地位，根本不可以对此有任何怨言：他刚刚被契卡释放。前一天，他还要准备接受审判，说不定还要作为反革命被枪毙；第二天，他就成为照顾革命领袖的首席医生之一。面对列宁的病情，政治局只能对"人民公敌"采取更实际的态度。卫生部委员尼古拉·谢马什科四处寻访名医，更不惜任何代价聘请外国专家来帮助治疗列宁。除了奥西波夫和一群俄国名医，其后又有一群德国教授加入了列宁医生的行列。

自1917年以来，列宁的工作强度就极大，而在1921年下半年，虽然短暂休息了几次，但他一直没有机会像当年在海外那样，每到夏天就度一个长长的暑假。他的情绪变得非常急躁，而且不知道该向谁求助。除了弟弟德米特里，他几乎不相信任何俄国医生，而重金请来的德国医生也迟迟没法确诊（一直到他去世，他的病情也没有得到确诊）。列宁的病情在逐步恶化。不过，比起身体的痛苦，更让他难以承受的还是情绪上的不安与沮丧。生平第一次，他丧失了工作的动力。某天早上醒来后，他发现自己根本不愿意再去看报纸和文件了。他的身体本能发出了休息的指令，可这在理性上让他难以接受。从小到大，他就是个非常守计划的人，而且在乌里扬诺夫家族里，一个人不能完成指定的工作，也简直是罪不可恕。

列宁的父亲伊里亚为了辛比尔斯克省的基础教育工作鞠躬尽瘁，临死前还在各地小学视察。他的哥哥亚历山大在圣彼得堡大学学习期间，为了做生物学实验，甚至没有回家度圣诞节假期。他的文学偶像车尔尼雪夫斯基在西伯利亚流放期间，还在继续研究俄罗斯的社会与经济。卡尔·马克思在伦敦期间，撰写出了几大卷的社会理论。这些人是列宁心目中的英雄，他们都工作到生命的最后一刻。列宁曾经与他们一样，可是突然之间，在他迈入51岁生日门槛后，他发现自己已经不再拥有继续工作的动力了。

没人能解释到底出了什么问题。列宁向弟弟和照顾自己的医生们反复讲述过自己的"情绪低落"——这是他出现的两个新病症中的一个。不过，一直到了1922年3月4日，他才在一次问诊中，向神经科大夫李维利·达科维奇承认说，除了情绪低落，他还有一个新症状，是强迫症。具体的细节不得而知，但列宁显然对此非常忧虑，甚至怀疑自己神智失常。

好消息是，经过检查，达科维奇认为列宁"大脑没有器质性病变"，之所以出现如此多的症状，只是因为用脑过度，所以最好的治疗就是远离政治，多休息，一个月不要发表超过一次演讲，假如愿意的话可以去打猎。列宁看似想遵守医嘱。1921年，政治局本来准备派他代表苏维埃政府参加定于次年在意大利热那亚举行的国际会议，国外媒体也已经开始兴奋地说，这将是史诗性的时刻。在俄国以外的国家，没有多少人了解列宁。英国的几位记者曾在1920年采访过列宁，从新闻稿中见到的列宁，是个了不起的人物和政治家。此外，欧洲也出版了几本关于苏俄的书，其中都给列宁开辟了专门的章节。他已经激起了全世界的热情与兴趣，想要在意大利与伟人见上一面的激情在持续点燃。但列宁决定放弃这次旅行——即使是在身体允许的情况下，他也不准备出国，外贸委员会的同志已经写信警告他，说是在海外流亡的保皇派和社会革命党人有可能要暗杀他——于是，他写信要求政治局不要派自己，改派托洛茨基和季诺维也夫做代表。

除了达科维奇医生，还有一系列专家负责给列宁诊治，其中包括德国的外科大夫朱利叶斯·鲍查德和内科医生乔治·克莱姆普勒，他们每人每天的诊金是2万马克。医生们收集了列宁完整的病历：小时候的近视眼，青少年时的胃病，其后出现的头痛和失眠，丹毒症，再到近期的贫血、抑郁和强迫症。医生们始终没能达成统一的诊断，唯一认可的结论是这些症状都不致命。克莱姆普勒医生认为，1918年暗杀时在他脖子里留下了弹头，由于一直没取出来，其中的铅可能导致他铅中毒，这应该是他头痛的由来，而头痛又引发了神经衰弱。（至于列宁在被枪击前就已经开始犯头痛病，医生们则未考虑。）1922年4月23日，列宁接受了手术。

子弹被取了出来，次日上午8点，列宁醒来后被告知，手术做得非常成功。列宁甚至没有感觉到颈部的疼痛。可惜，令人欣喜的状况并没持续多久，就在手术1个月后，1922年5月25日，列宁在哥尔克的别墅里犯了一次严重的中风。他身体的右侧完全失去了知觉，还丧失了语言能力，这时，另一位医生克莱默认为："他的病根并不是用脑过度，而是大脑的血管发生了严重问题。"大脑供血不足会导致头痛、抑郁和其他心理问题，这可以解释列宁的大部分病症，也可以说明为什么在1922年到1923年，列宁的大部分医生是精神科和神经科的专科医生。

中风重创了列宁的身体与精神。他的妹妹玛丽亚在回忆录中写道，在5月30日，"医生问他12乘以7等于多少，他算不出来，因此情绪特别低落。但他毕竟是个极其固执的人，在医生走后，他用了三个小时来解这道题，最后用加法而不是乘法算了出来（他算的是，12+12=24，24+12=36，以此类推）"。

医生们都相信，列宁必须要完全放下工作和政治生活，而且这也不可能根治列宁的疾病，只能延缓下一次中风的发作。他们集中推举奥布科教授向列宁传达这项医嘱。列宁起初没有买账，他指出自己现在的工作并不重，而且从来不喝太多的酒，也没有过"放荡的生活"。但奥布科态度很坚定。列宁最后勉强同意，但他决定自己去寻找答案。在翻遍了医科教材后，他终于发现，自己看来是没什么希望了。5月30日，他请斯大林来到别墅里，他们互相亲吻致意，随后列宁很直接地请斯大林帮个忙，为自己弄点毒药，省得再犯一次中风，瘫痪而死。斯大林走出房间，将列宁的要求告诉了布哈林和玛丽亚。他们一致决定让斯大林回去，把医生最乐观的估计告诉列宁。列宁听后显得很高兴，同意推迟自杀日期。不过他还是有点不放心，问斯大林："你是不是在骗我？"斯大林回答说："你什么时候见我骗过任何人？"

列宁有时还算乐观。1922年的夏天，他曾几次说，假如真的没法继续从政，他会改行当农民。他的妹妹玛丽亚回忆说，列宁谈到要种蘑菇，养小兔子，但从表情来看是在说笑话。更多的时候，列宁的情绪相当消极。1922年6月14日，在他的脑血管再次出现短暂痉挛后，他告诉克莱默和另一位俄国医生科兹维涅科夫："就是这样了，我还要犯中风。总有一天，我会跟很多年前一个农民预言的那样，犯一次大中风。"据列宁说，那个农民解释说，他判断列宁会死于中风的原因，是因为"脖子短得出奇"。

医生们向列宁保证，他们一定能够帮助他身体痊愈，只要他配合治疗，有朝一日可以重返政治局和人民委员会的工作。他的病情渐渐有所好转，他因此非常兴奋。他读一点书，给政治局继续写短信。他开始一点点在别墅里重新学习走路。他对克里姆林宫的一举一动仍然了如指掌，因为总书记斯大林定期来哥尔克别墅，与他面对面交谈。列宁让玛丽亚备了瓶红酒，因为他知道斯大林喜好红酒甚于伏特加。

但困守于病床的生活，渐渐让列宁失去了耐心，他开始咆哮着要求回克里姆林宫。在这个时期，他越来越易怒，但正如他向医生们承认的那样，情绪的多变是疾病造成的，事实上现在他无法控制自己。在这年7月，他做出了一个极端的决定，希望在第11次党代表大会上，对由27名委员组成的中央委员会进行改组。他要求新选举产生的中央委员会减到由三人组成，而且这三人不应该包括党内最有影响力的领导，比如托洛茨基、斯大林、季诺维也夫、加米涅夫、捷尔任斯基和布哈林。他建议的委员人选，是中央委员会书记处的莫洛托夫、古比雪夫和人民委员会副主席李可夫。此外他还提出了个很羞辱人的想法，建议加米涅夫、季诺维也夫和他在此前一年很喜欢的同事托姆斯基，一起充任候补委员。对于这样一个失去理智的提议，中央委员会给予了书面否决。

● 1921年4月25日,列宁和为他进行讲话录音、录制唱片的员工在一起,列宁显然对于自己的演讲鼓动能力非常自信,和录制唱片的员工在一起让他感到舒心和愉悦

● 列宁在1921年1月23—24日的第二届全俄矿工代表大会上

● 在克里姆林宫的斯维尔德洛夫斯克大厅，列宁在大会上发表讲话

● 列宁在俄共第十次代表大会上与参加平定喀琅施塔得叛乱的代表在一起

● 1922年8月,在哥尔克别墅中,列宁翘着二郎腿坐在藤椅上,桌子上堆满书籍。此时,哥尔克的别墅正式成为列宁的行宫

1922年9月，在哥尔克度假的列宁歪在躺椅上看笔记。列宁戴眼镜的照片很少。虽然因为多次疾病只能去哥尔克休假而中断工作，列宁的心情有时还算乐观。在1922年的夏天，他曾几次说过，假如真的没法继续从政，他会改行当农民。但更多的时候，列宁情绪相当消极。

列宁曾对克雷连柯说："什么是最好的事情呢，这就是在整整两天中既没有一次电话铃声的打扰，也没有一封便函需要写，也没有一个问题要解决。"然而实际上，即使在森林里，列宁也仍然想着城里的事情，总是不时地谈论起政治方面的内容。

● 1922年9月，列宁在哥尔克地区散步，同年，列宁的健康状况开始恶化

● 1922年9月,列宁和妻子克鲁普斯卡娅、侄子维克多以及一女工的女儿一起在哥尔克

● 1922年9月,列宁与家人合影,右二为列宁的妻子克鲁普斯卡娅,左二为列宁的姐姐叶利扎罗娃

《弗拉基米尔·伊里奇生命的最后六个月》

执政后期,列宁与斯大林的关系越来越紧张。在1912年初次见到斯大林时,他曾经形容斯大林是"了不起的格鲁吉亚人",而在十月革命后,他对斯大林的冷静与果断印象深刻。不过,斯大林的一些性格特点和个人习惯,也让列宁看不过眼,他认为斯大林是个"粗俗的家伙"。有一次,斯大林在填烟斗时,列宁批评说:"看看这个亚洲人——他就会一个劲儿地吸烟!"斯大林敲着烟斗表示抗议。对于列宁来说,这样的举动非常罕见:他出生在中产阶级家庭,虽然是个坚定的革命家,但在骨子里,还是一个欧洲绅士,只在少数几个时刻,他撤下了心防,允许自己表明立场。玛丽亚说:

> V.I.特别有自控能力。他很清楚该怎样掩饰自己,明白怎样才不会让人看穿他的心思……在与同志们进行工作交流时,他更会小心翼翼地收敛自己的情绪。他知道个人的情感永远应该放在次要位置。

而现在，列宁对斯大林的反感竟然不加掩饰，这让玛丽亚感到很担心，她提醒列宁，斯大林远比他想象的更聪明，因此也更危险，但列宁不屑一顾："他绝对不能用聪明来形容！"

列宁与斯大林进行了三场政治角逐，其中两场在1922年的夏天进入白热化阶段，分别是对国家是否享有外贸垄断权的争论，以及是否需要修正宪法的争论。在这两次争论中，列宁都批评斯大林是自己既有政见的死硬反对派。第三场斗争，则是前两场的产物：列宁严肃地考虑是否应该撤销约瑟夫·斯大林俄共书记的职位，而斯大林则用"铁一样的手腕"捍卫着自己的领导权与尊严。令列宁没有想到的是，斯大林竟然获得了最终的胜利。

在这个夏天，列宁在政治上几乎没有取得任何他想要的成果，这激怒了他，他立志要重回莫斯科，而这对他的病情非常不利。6月份，在散步时，他发作了一次小中风；7月份又发作了一次，身体右半侧再次短暂偏瘫；8月份又一次中风，这一次他全身瘫痪了好几天。但他还是不停地鞭策自己，继续工作下去。秘书们不断遵从他的嘱咐，从图书馆为他借书，其中一本是布哈林的《共产主义ABC》。他不顾医生的反对和人民委员会的质疑，在10月2日离开了哥尔克，坐车重返克里姆林宫。第二天他主持了人民委员会的会议；10月6日，他又主持了党中央委员会的会议。他希望让大家知道，自己可以胜任原本的领导职位。

可是，列宁确实已经不像是以前的那个列宁了，这一点他的同事们可以在两次会议中看得出来。在人民委员会的会议上，大家尽量避免跟他争论，可这反而激怒了他——这弄得大家不知如何是好。假如跟列宁争执，可能会引发他中风或者心脏病的再一次发作；可假如让着点儿他，则可能会因为过度礼貌同样激怒他，害他犯病。中央委员会的会议进行得要顺利些，但会议进行到一半时，他就因为牙痛离场，回公寓休息了。虽然在接下来的几天里，他又回来参加会议，但表现一直低于正常水平。

列宁自己深知这一点，这让他非常紧张和烦躁。他的秘书丽迪亚·弗蒂耶娃害怕列宁的心脏病又要发作，只好偷偷告诉他的其他同事，请他们在开会时不要随意站起来，或者私下里说话。任何有可能激怒他的行为都需要克制。他的思维能力受到了很大影响，有时候他讲着讲着，就忘记自己说到了哪里；有时候则会整段重复自己刚说过的话。加米涅夫、斯大林和季诺维也夫三人聚到一起，讨论过该拿列宁怎么办，可最后也没有落实到行动上——假如他们要求他回哥尔克休息，他会认为他们是在利用他的病，剥夺他的参政权利。

在外贸垄断和修宪问题上，列宁都无法战胜斯大林，特殊时期，他只好采取特殊手段，联合托洛茨基来对付斯大林。跟列宁一样，托洛茨基也支持国家对外贸的垄断，列宁请他代表自己，在即将到来的中央委员会全体会议上发言。

对于列宁，这真是一个前所未有的举动。在以前，列宁尽量不与任何人结成紧密的联盟，也不想对任何人表现出好恶。此举显示出了列宁的绝望：早在1917年二月革命前，托洛茨基的多才多艺和傲慢无礼就激怒了列宁；而在签署《布列斯特条约》的过程中，列宁也认为托洛茨基是个革命教条主义者；在1920年到1921年党内的工会问题讨论中，托洛茨基又表现得莽撞与不切实际。列宁没法让自己喜欢上托洛茨基，在党中央的几次会议上，他都被托洛茨基顶撞得脸"像粉笔那样白"。但此时，列宁相信自己与托洛茨基拥有共同的立场和共同的敌人，所以，他愿意抛弃成见，暂时与托洛茨基结盟。

联合团结托洛茨基，在12月16日，再次显得至关重要。列宁的病情再度恶化，一度又完全丧失了右臂和右腿的感觉。假如在12月18日的中央委员会全体会议上，托洛茨基不站在自己这边，他担心外贸垄断的提议就要流产。但他还是没法全然信任托洛茨基，因此委派了另一名中央委员会委员叶梅利扬·雅罗斯拉夫斯基汇报会议的全部内容。好在在这次会议上，托洛茨基占得上风，外贸垄断提案被确认通过。闻讯后列宁大喜过望，向新盟友托洛茨基写去短信："看上去我们只用了个小小的计谋，未发一枪一弹，就已经成功夺取了胜利。"而在当晚的会议上，列宁关于成立苏维埃社会主义共和国联盟的草案也获得通过。

12月22日到23日，列宁又一次中风，病情急转直下。亲人与医生们尽可能给予他最好的照料，而列宁在恢复意识后，想到的第一件事就是政治。列宁告诉医生，他觉得自己必须向秘书口述一个"令他困扰的问题"，如果这个要求不能得到满足，他恐怕会彻夜难眠。医生屈服了，秘书玛丽亚·沃洛迪切娃被召至床边。他的身体非常虚弱，但他坚持要将信件口述完毕："我想向你口述这封给代表大会的信。"信件最终印了五份，装在蜡封的信封里。列宁要求只有在自己许可，或者本人去世的情况下，他的妻子娜杰日达·克鲁普斯卡娅才有权拆封。

这封信直接表达了列宁对斯大林的极度反感与不信任，他要求"把中央委员人数增加到几十人甚至上百人"，其目的是要"防止中央委员会一小部分人的冲突对党的整个前途产生过分大的影响"。在次日的续记中，他直接说："斯大林同志当了总书记，掌握了无限的权力，他能不能永远十分谨慎地使用这一权力，我没有把握。"对托洛茨基，他也表现出了一定的怀疑："托洛茨基同志，正像他在交通人民委员会问题上反对中央的斗争所证明的那样，具有杰出的才能，他个人大概是现在的中央委员会中最有才能的人，但是他又过分自信，过分热衷于事情的纯粹行政方面。"

列宁认为没有人胆敢违背自己的意愿，从某一方面来说显得很天真，他甚至让斯大林的妻子娜杰日达·阿利卢耶娃继续担任自己的秘书。在12月23日记录了列宁口述的信件后，他的秘书玛丽亚·沃洛迪切娃惶恐不安，找到了另一位秘书丽迪亚·弗蒂耶娃商量该怎么办。弗蒂耶娃建议把信送给斯大林看。次日，看到信件后，斯大林一把将信抓在手里，跟布哈林、奥尔忠尼启则和书记处的官员阿玛亚克·娜加利特亚一起讨论。几分钟后他回来了，对沃洛迪切娃大叫道："把这信给烧了！"沃洛迪切娃确实照办了，可随后就发了慌：她这是直接违背了列宁的旨意，很可能会惹出大麻烦。最后，她又打印了一封邮件，照列宁之前嘱咐的那样，将信件锁了起来。列宁从1921年中期开始休假，到了1922年5月后，大部分政治局委员都认为列宁很有可能不会痊愈了，他们必须要在即将发生的政权斗争中押宝。斯大林、加米涅夫和季诺维也夫对托洛茨基尤其忌惮，托洛茨基一度曾经韬光养晦，将兴趣重新放在写作上，而现在，他看起来似乎准备接任列宁的职务了。

列宁也不再能掌控自己的命运。克莱默医生回忆说，1923年2月，列宁的语言沟通能力在不断退化，"他很难说出自己想要表达的一个词，向秘书口述的信件和文章，他自己却无法念通顺，有时候他说话前后完全不连续"。很多人已经听不懂列宁说的话，只有妻子克鲁普斯卡娅，可以神奇地听懂列宁的哪怕一声呢喃。

斯大林相信列宁已经不可能恢复，2月1日，他向政治局宣读声明，要求解除自己"监控列宁同志医疗进展的职责"，结果同志们一致投了反对票。

1923年3月初，列宁最关注的是"格鲁吉亚争端"。在前一年的秋天，按照民族事务人民委员斯大林的计划，三个高加索地区的共和国，阿塞拜疆、亚美尼亚和格鲁吉亚，作为自治国家加入俄罗斯联邦。（计划也包括了其他共和国，但争议的核心是高加索地区。）格鲁吉亚的共产主义者则认为，经济上他们可以加入联邦，但政治上的独立不可放弃。列宁在12月提出了解决方法，是成立苏维埃联盟，每个国家都在联盟中享有平等地位。但斯大林仍然坚持自己的想法，格鲁吉亚问题渐渐成为列宁和他曾经信任的左右手之间最胶着的话题。

1923年3月间，格鲁吉亚的问题日趋严重，由于对格鲁吉亚当地的布尔什维克完全失去了耐心，奥尔忠尼启则甚至动手殴打了一位对方的谈判代表。听闻此消息，列宁认为这起事件代表了俄罗斯的民族压迫行为。他确实也不赞成格鲁吉亚的"民族主义"，但在此时，他认为不过度展现"大国沙文主义"，则在道义上更能讲得通。他给托洛茨基写了张纸条："请你在中央委员会上捍卫格鲁吉亚问题的原有主张，这起事件已经被斯大林和捷尔任斯基给弄混了，我不能再指望他们行事端端正正。"托洛茨基明白，一旦摊牌，就是要跟斯大林公开决裂，因此称病没有参加会议。他乐于到一切成熟时再做打算。

第二天，听到托洛茨基拒绝出席会议的消息，列宁口述了他生平的最后一封信，这封信是写给格鲁吉亚的布尔什维克主义者的："我全身心地关注着你们的遭遇。我对奥尔忠尼启则的冷酷和斯大林与捷尔任斯基的放任感到惊骇。我正准备为你们写段演讲。"但他没有办法履行自己的诺言。

在之前的一天，发生了一件十分值得关注的事件。列宁跟妻子克鲁普斯卡娅聊天时，提到自己对斯大林在格鲁吉亚事件中的表现非常不满，抱怨自己简直是被这位总书记实行了家居软禁。听到此时，克鲁普斯卡娅终于无法保持沉默了，她告诉丈夫，在大约两个半月前，斯大林曾在电话中谩骂过自己。列宁的妹妹玛丽亚在日记中提到了此事："斯大林直接叫她接电话，而且确信她不敢把话传给V.I.，他用特别刻薄的语言告诉她，她不应该跟V.I.谈公事，要是还不照办，他会把她拖到党的控制委员会。娜杰被这次谈话给气坏了，她完全丧失了理智，一个劲儿地哭着，在地上打滚。"

克鲁普斯卡娅现在仍想委曲求全，但列宁愤怒极了，当天他口述了一封信，信头打了"机密"和"私人"的字样，但抄送给了加米涅夫和季诺维也夫。

> 尊敬的斯大林同志,
>
> 你哪来的胆子,竟然打电话给我的妻子,并且侮辱了她。虽然她大度地表示要将此事忘记,但还是需要告知季诺维也夫和加米涅夫……我不可能忘记这件冲着我而来的事情,不消说就应该知道,针对我的妻子就是针对我。所以我必须告诉你,要考虑收回自己的话并且郑重道歉,否则,你就等着我们绝交吧。

列宁与斯大林的同志友谊走到了尽头,他可能也没想到,这使得他的妻子在晚年成了自己继任者的攻击目标。这起事件又一次重创了列宁的身体,克莱默医生注意到,"3月6日,列宁突然出现了一次小中风,右肢完全瘫痪"。斯大林其后通过秘书玛丽亚·沃洛迪切娃将一封回信转交给列宁,但考虑到列宁的病情急剧恶化,可能他没有看过这封信。

这封信存放在斯大林的秘密档案柜里长达几十年,共三页纸,手写,开头没有"尊敬的"或其他敬语,而是直截了当的"列宁同志",通篇语气很不客气:

> 5星期前,我跟娜杰日达·克鲁普斯卡娅同志有过一次谈话,我不仅仅把她看成你的妻子,也看成我在党内的老同志,我在电话中大致跟她说了下列内容:"医生不许我们跟伊里奇谈政治,他们认为想要治好他,这一点最重要。可看起来,N.K.,你没有遵守这项指令。我们不应该拿伊里奇的生命当儿戏。"大致就是这些吧。我认为我说的话并不粗鲁,无任何不可之处,也没有冲着你来的意思,我最大的愿望就是希望看到你尽早恢复。更重要的是,我认为照顾你的医疗,也是我的一项职责。可是,如果你一定坚持只有我收回我的话,才能维持我们的"关系",

> 那我就收回好了，但我确实不明白自己的语言有何不妥，我的毛病出在哪里，你们又希望我做点什么。

在回忆录《弗拉基米尔·伊里奇生命的最后六个月》（直到1989年才出版）中，克鲁普斯卡娅写道："他的病可以分为两个阶段。无药可医的阶段应从7月开始，病情急转直下，而这个阶段，他的身体更遭罪了，情绪也非常沮丧。" 3月7日和8日，列宁自觉身体有所好转，在10日还跟克鲁普斯卡娅提起了这一点，但从克莱默医生的记录来看，就在10日那天晚上，列宁又一次中风发作。

领导层听闻此次中风后，季诺维也夫召集了一次会议，并向克里姆林宫发去电报，所有中央委员会委员都得到了列宁病情恶化的消息。

一群医生从莫斯科来到哥尔克，柏林的克列斯廷斯基也接到电话，政治局要求他尽速从德国寻找最好的理疗师以及神经科和精神科专家。3月15日，政治局又决定扩大医生的范围："任何有可能对列宁同志病情的确诊和治疗有所帮助的医学专家，都应被请来。"克列斯廷斯基很快汇报说，四位教授已经启程，对其他的专家，他仍在"做工作"，关键问题是要说清楚给外国专家支付的是英镑、美元还是马克。看起来，专家的诊金相当高昂。斯大林出面请了位瑞典专家，对方要的诊金是2.5万瑞典克朗，对此莫斯科毫不犹豫地答应了。有些国家则主动表示要派专家，比如苏联驻蒙古国的大使就报告说，当地的人民党想要派出一名藏医，并且表示："基于政治原因，如果能允许这位大夫前往莫斯科，我们将十分感谢。"

3月21日，七位名医共同出具报告，指出列宁的病情在恶化，他已经失去语言能力，也很难听懂别人说的话。

3月到5月，医生们没有确诊，反而有几位医生因为医学问题而大吵，病人显然备受折磨。英国的共产党人为列宁送来了一部电动轮椅，但轮椅的控制键都在右边，而列宁的右手却基本上失去了行动能力；而且无论如何，列宁都不想用这部轮椅，坚持要把它送给因内战而失去双腿的一位人民委员："请把轮椅送给他吧，他以后再也走不了了。而我眼下还不需要。"他每天只能等待妻子坐在身边，由她"翻译"自己的想法。列宁现在只能发出几声呻吟，但克鲁普斯卡娅作为一名卓越的教育家，对列宁充满耐心，她几乎总能猜出列宁想表达的意思。

在觉得自己没法承受下去时，娜杰日达也曾痛哭过几次。（列宁还勉强抽出手绢递给她。）玛丽亚作为乌里扬诺夫家的成员，从来不让自己的情绪显露出来。但两个女人都要承受巨大的压力，1923年3月以后，列宁先是找玛丽亚，其后找娜杰日达要毒药。玛丽亚被迫给了列宁一管奎宁。娜杰日达则深感无力，于是找到了斯大林。斯大林在3月21日给政治局的"机密信件"中写道：

> 3月17日星期六，在极度保密的情况下，N.K.克鲁普斯卡娅同志告诉我，"弗拉基米尔·伊里奇要求斯大林"，也就是我本人，应该负责替弗拉基米尔·伊里奇找氰化钾。在我们的谈话中，N.K.表示"弗拉基米尔·伊里奇痛苦得难以想象"，她说"继续活下去已经是不可想象的事情"，她要求我"不要拒绝伊里奇的请求"。考虑到N.K.的坚持，而且V.伊里奇本人要求我的同意（在我和她在书房谈话中，V.I.两次叫N.K.过去，并且非常激动地希望取得"斯大林的同意"，导致我们的谈话中断了两次），我觉得难以拒绝他，所以表示："我想让V.伊里奇放心，相信在必要的时候，我一定会毫不迟疑地满足他的要求。"伊里奇确实相信了我的话。
>
> 但我必须声明，我没有力量执行V.伊里奇的要求，虽然这个决定看似人性化和必要，但我必须表示拒绝，据此，汇报给政治局委员。

政治局最后给出了非正式的回函："已阅。我们认为斯大林的'犹豫不决'是正确的。这起事件必须严格限于政治局委员知晓。托姆斯基、季诺维也夫、莫洛托夫、布哈林、托洛茨基、加米涅夫。"

到了5月，列宁的病情看似又有些好转。他偶尔可以出门，开始对环境产生兴趣，甚至开始重新学说话，一位专门负责语言康复的医生与克鲁普斯卡娅一起担下了这个重任。

据医生记载，3月10日以后，列宁的词汇仅限于几个单音节的词，比如"Vot-vot"，无论是同意、反对、要求、厌恶，他都使用这个词，在克鲁普斯卡娅的帮助下，他学会了说"议会""细胞""农民""工人""人民"和"革命"，但如果妻子离开身边，他就一个字都不会说。他的大脑已经开始死亡了。

画家于利·安内科夫曾在1921年画过一幅列宁的肖像，1923年12月，他又奉命为列宁画像。他回忆说："加米涅夫带我去哥尔克，为病中的列宁画一幅素描。克鲁普斯卡娅迎接了我们。她说为列宁画像一点问题都没有。此时列宁躺在一张躺椅上，身子用毛毯盖着，他的视线已经穿越了我们，没有焦点，带着无助、扭曲而孩子气的笑容，这个男人仿佛回到了他的婴儿时期。"

自从3月10日中风后，列宁无法再写纸条，也几乎丧失了语言能力，所以几乎难以与人交流。克鲁普斯卡娅每天还在帮助列宁进行康复训练，锻炼他左手的运动能力（他的右手已经完全瘫痪），但看来任务很艰巨，医生们记载，列宁"分到了几块饼干，但很长时间，他的手都没法伸到盘子上，只能在盘子边上打转"。此外，妻子还在帮列宁重新学习读写。在克鲁普斯卡娅手把手的帮助下，他会写的头两个词是"妈妈"和"爸爸"。以他的病情来看，他确实是凭借着常人难以匹敌的意志力、勇气与决心，完成了几个月才能完成的任务。

克鲁普斯卡娅和医生团队的努力没有白费，1923年下半年，列宁的情况有所好转：他可以拄着拐杖，在房间里慢慢走动；凭借着肢体语言和有限的几个发音，他能够与人进行基本交流。克莱默医生记录道："11月和12月，他能在未受提示的情况下说几个词，左手书写的能力进步了，他可以读报纸，可以准确地在报纸中指出他感兴趣的文章的位置。"

有几次，列宁表达了想去莫斯科看一看的意愿，在1923年10月18日晚上，他的愿望总算达成了。克鲁普斯卡娅在回忆录中写道："有一天，他走到了车库，钻进了车子里，执意要去莫斯科。"除了妻子，陪同他一起出发的还有妹妹玛丽亚、两位随行医生和几位保镖。克里姆林宫的员工们在等待着他们一行人。列宁拄着拐杖，艰难地走进了他在克里姆林宫的公寓，好奇地看了看如同往常一样摆放在房间里的桌椅和书籍，随后立刻躺了下来，休息了一个半小时。

第二天，他最后一次去了自己的办公室，看了一眼人民代表委员会的会议室，然后走了出去。他在图书馆里选了几本书，随后表示想要在莫斯科兜一圈。他们本想去看俄罗斯农业和手工业展，但大雨阻止他们成行，最后只能直接回了哥尔克。

这是列宁最后一次来到首都。再去莫斯科一次，向首都告别，如果真的是他本人的意愿，那么只能说，列宁完成了理论上几乎不可能做到的事情，因为后来经过解剖证实，他的大脑受到了极其严重的伤害，许多专家都认为他应该早已经失去了与人沟通的基本能力。人民卫生委员尼古拉·谢马什科证实，解剖结果显示："弗拉基米尔·伊里奇的大脑血管硬化程度相当严重，血管已经基本钙化，用钳子击打时，感觉简直像在敲石头。许多血管的血管壁都非常厚，血管增生，有些空隙处甚至连头发丝都穿不过去。因此，整个大脑都极度缺血。"

1924年应邀为列宁的著作创作插图的安内科夫在列宁研究院里看到了保存在玻璃罐里的列宁的大脑："他的大脑被存放在酒精中……其中半个大脑是健康的，大小正常，沟回清晰；而另外半个大脑则用丝带挂了起来，曲曲折折，挤压变形，还不及一个胡桃大。"

在3月的大中风后，列宁就只见他的同志们。早在1922年12月，政治局批准了斯大林的建议："无论是会面还是通信，都需要将弗拉基米尔·伊里奇与外界隔离开来。"在这幢大厦里，厨师、园丁、清洁工、护士和保安，都不得在未经允许的情况下出现在病人的视野中。列宁坐着轮椅被推出房间时，其他工作人员都需要立刻转移到其他地方，以免惊吓了病人。那些见到列宁本人的客人，心中也总会五味杂陈：这个一年半前还是革命的大脑与心脏的领袖，现在脸上似笑非笑，眼神是那样悲凉。

7月，列宁的弟弟德米特里去看了一次列宁，不过除了少数医生和家人，只有一小部分人能见到列宁。克鲁普斯卡娅回忆说："每次来客都会让他感到烦躁。在会面中，他会一个劲儿地转动轮椅，有时会猛地抽动身前的写字板，紧紧握住粉笔。如果我们问他，愿不愿意见布哈林或其他常常来家里做客的同志，他往往会拼命摇头……"

政治局和人民代表委员会的委员有时候也会来看望列宁，但多数是在列宁坐轮椅被推出房间时，远远地看他一眼。跟斯大林和托洛茨基等人一样，委员们都觉得看望列宁是苦差，因为他们知道跟他交流已经是件不可能的事情了。在这世上，唯一能跟列宁沟通的人，只有他的妻子了。克鲁普斯卡娅回忆说："在一起生活了那么久，有时候说一个字，我就能明白他心里想的是什么。我会跟他讲讲卡尔梅科娃的消息。他说了句'什么？'，我能猜出来，他想问的是波特列索夫（两人都是俄罗斯早期的马列主义者）现在怎么样、政治立场如何。这就是我们俩特殊的沟通方式。"这个故事，在列宁的官方传记中有了另外一种呈现方式，书中这样记载："列宁饶有兴趣地听取了克鲁普斯卡娅向他讲述著名俄罗斯社会活动家A.M.卡尔梅科娃的生活与工作；随后问她，A.N.波特列索夫目前的政治立场如何。"

克鲁普斯卡娅本人的情绪在希望与绝望中起起落落。她给伊涅萨·阿尔曼德的长女伊娜切卡写的信，比她本人的回忆录，更加能够揭示列宁生命晚期的状态。1923年5月6日她写道："我现在之所以还活着，纯粹是因为沃洛佳喜欢在早上看到我，他会握着我的手，我们会静静地坐在一起，无声地交流。"9月2日："我现在天天和沃洛佳在一起，有时白天他的状态非常好，可到了晚上一下子又会变得很糟糕，而我的精神也跟着垮下来，连写信的力气也没有。"10月28日："每天他都有点儿进展，但真的非常细微，我们仍然在生与死之间拔着河。医生说，所有迹象都表明他在康复，但我现在明白了，他们真是啥都不知道。"

1924年1月，克鲁普斯卡娅渐渐觉察到了什么，她回忆道："从星期四（1月17日）开始觉得有什么东西不对劲儿了；V.I.显得极其疲倦和痛苦。他常常要合上双眼，面色变得更加苍白，更大的变化则在于他脸上的神情出现了微妙的变化，他的眼神变得非常空洞。"

1月20日晚上，M.I.阿弗巴克教授给列宁做了检查，列宁当时觉得眼睛有问题，但医生没做出任何诊断。次日，弗斯特和奥西波夫两位教授在午饭后给列宁做体检。他的动作极度缓慢，两次需要别人帮助才能下床，而且起身后很快就表示需要躺下休息。奥西波夫离开后，列宁最后一次中风发作。家人为他送上了牛肉清汤和咖啡。克鲁普斯卡娅记录道："他喝了不少汤，当时感觉稍稍缓过来了点儿，但很快感觉胸部有积液。积水的情况越来越严重。他看起来一点点失去了知觉，虽然是坐在床上，但事实上完全是靠保安和男佣支撑着他的身体。他有时轻声呻吟两下，全身发抖。我握着他的手，那只手一开始还潮湿发热，但是渐渐地，他胸前垫着的毛巾被鲜血染红，苍白的脸上，打下了死亡的印记。弗斯特教授和叶里斯特拉托夫医生向他喷樟脑油，想要刺激他苏醒，但只是徒劳，没有办法将他救回来。"

1924年1月21日星期一傍晚6点50分，列宁去世。

● 1922年9月,列宁与他的侄子维克多在哥尔克,和孩子在一起时列宁总是很开心

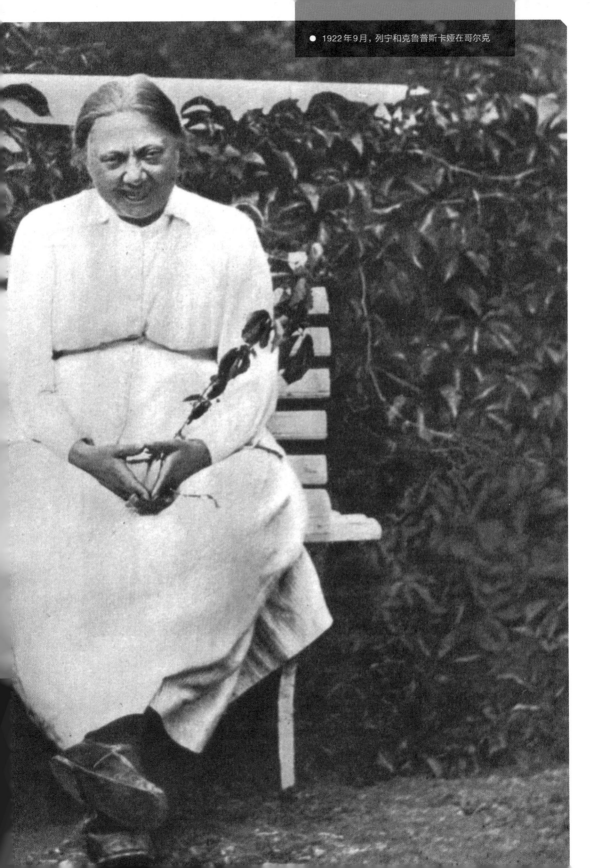

● 1922年9月,列宁和克鲁普斯卡娅在哥尔克

● 1922年9月,列宁在哥尔克散步。8月9日,列宁在给高尔基的信中承认:"累得筋疲力尽。"

● 1922年9月,列宁在哥尔克度假。列宁养了一只狗叫艾达

● 1922年9月,列宁一个人坐在长椅上,不光滑的手背上静脉血管显得很粗。中风重创了列宁的身体与精神

● 1922年,列宁与他的接班人斯大林。
斯大林的右手伸入自己的衣服下面,这个奇怪的手势一直都
是一个谜,如同他与列宁的关系一样

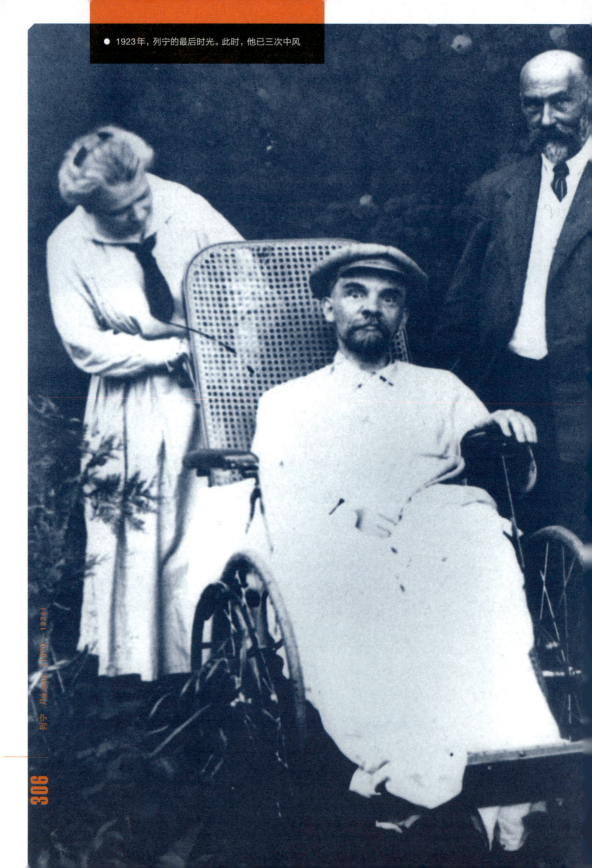

● 1923年，列宁的最后时光。此时，他已三次中风

世界上首位被保存起来的社会主义国家元首的遗体

死者没有得到安息。政治局下令，要求列宁的遗体先在莫斯科中央殡仪馆里用低温保存起来，以便科学家找到令遗体防腐的方法，此后便可永久展示。娜杰日达·克鲁普斯卡娅对此表示不满，但跟以前一样，她明白政治局的决定不可能被推翻，所以并未闹出太大的动静，此时，她的丈夫已经不属于她。当局决定将列宁的遗体存放在克里姆林宫西北角的红场纪念馆中，建筑为木结构。（现在的大理石建筑是在1930年开始动工的。）当时正处在莫斯科最寒冷的季节，土地被冻得结结实实的，工人们只能用炸药将坚硬的土地炸开。布尔什维克党的领导层表示，是工人们联名写信，要求将列宁的遗体保存下来，以便更多人有机会见到列宁，更好地纪念这位革命领袖。这并不是事实，想出这个主意的正是政治局，而政治局里最先支持此决议的是斯大林，他认为永久保存列宁遗体，可以更广泛地团结苏联人民和全世界各地的共产主义者。

与此同时，列宁的著作也成了共产主义世界的"圣经"。自1920年开始，俄共已经开始组织出版他的全集。以他的名义，一个脑科学研究所成立起来，用他的大脑组织制成了三万份切片，以供科学家研究他伟大天才的秘密。一个全新的意识形态词语——马克思列宁主义诞生了。列宁因此被摆在了与他的偶像马克思和恩格斯同样的高度，而十月革命、建立布尔什维克以及成立苏联，成为他最杰出的贡献。在人类文明历史上，列宁留下了自己崭新的一页。全世界各国政府——不管其支持的是保守、自由还是共产主义的意识形态——都为1917年十月革命产生的深远影响而震撼。20世纪的主旋律，从列宁在彼得格勒夺取并巩固了政权的那一刻开始奏响。1924年，彼得格勒改名为列宁格勒，这是对列宁伟大历史地位恰如其分的彰显。

娜杰日达·克鲁普斯卡娅为丈夫守了一天灵。她感到极其孤独。她的父母已经去世了，家中没有兄弟姐妹，而且跟列宁的亲戚们一直处得不好。对她来说，最亲近的人是伊涅萨25岁的长女伊娜切卡，她把这个孩子当成亲生女儿一般。在葬礼后，她给伊娜写了封信：

> 我最最亲爱的伊娜切卡：
>
> 我们昨天埋葬了弗拉基米尔·伊里奇……对列宁来说，病死已是最好的结局。在过去一年里，死神已经造访他多次……而眼下，我只想去好好怀念弗拉基米尔·伊里奇，去再一次读一读他的著作。

娜杰日达再也不愿去相信所谓的医学专家。她相信列宁直到最后都在经受巨大的折磨："他们说他已经昏迷了，但我现在坚信，医生们什么都不知道。"政治局坚持保留自己丈夫遗体的决定，更让她痛苦万分。很快，她又给伊娜切卡写信：

> 当我们的人提出，要将V.I.永远保留在克里姆林宫中时，我的心里那一团可怕的怒火被点燃了——他们本来应该将他跟他

> 的同志们安葬在一起，这样，他们可以共眠于红墙边。

娜杰日达·克鲁普斯卡娅横生枝节的这些信件，权威部门一直将其深锁在机密文件中。除了不想让列宁的遗体永久保留，她还提出，列宁最后应该长眠于伊涅萨·阿尔曼德的坟墓旁边。娜杰日达是个极其豁达的女人，在伊涅萨与列宁死后，她还长年照顾着伊涅萨的几个孩子。

娜杰日达的愿望当然无法实现。不顾她的反对，列宁纪念堂还是动工了。不过历史学家同时也指出，在将列宁偶像化的过程中，她也并未独善其身。虽然她痛恨纪念堂的想法，有生之年只去过寥寥数次，但她也积极加入了宣传阵营，大力宣扬列宁是个多么完美的革命家、思想家和丈夫。在葬礼后，她就开始动手写一本关于列宁的小册子。她怀念他，哀悼他，但她的悲痛，并不妨碍她用一种抽离的方式，来描述自己的亡夫。她在做这些事时，也与斯大林达成了某种程度上的合作。1924年5月，在完成小册子初稿后，她首先给斯大林寄了一份，请他对文章给予指正。他迅速回复，建议改正几个事实性错误，并且鼓励她尽快出版。

这样的合作持续了很多年。虽然娜杰日达·克鲁普斯卡娅尚未从教育部的岗位上退下来，但在业余时间里，她要撰写关于列宁的文章，去各地宣讲列宁事迹。将列宁神圣化，成为她最主要的事业，她也因此成为神化列宁的最主要的牧师。列宁的姐妹安娜与玛丽亚，也投入了这场宣传运动中。不过，这是一场良性竞争，她们深爱的男人已经不在了，这三个女人相处起来反而融洽了些。而领导这个家属宣传团的领袖，无疑就是斯大林本人。他向人民委员会大学做的一系列演讲，以"列宁主义问题"为名结集出版。托洛茨基、季诺维也夫、加米涅夫和布哈林也都不甘人后，相继撰写回忆列宁的著作，分析列宁对世界革命的意义。党和政府的宣传部门开始对他的著作和文件展开研究，加米涅夫领导了一个编辑团队，出版了许多此前他不为人知的文章。所有人的目的几乎是一样的：列宁不仅仅应被描述为布尔什维克史和世界革命史上的英雄人物，他还应享有革命先知与革命圣徒的崇高地位，应该成为继马克思、恩格斯之后，20世纪上半叶最伟大的思想家。他应被作为党和政府的领袖、战争蓝图规划师和全球政治家中的天才而受到赞颂，他作为同志、丈夫与马克思主义者的人性光辉应永不磨灭。

神圣的列宁，永远停留在54岁的年纪。1938年，就在去世前几个月，克鲁普斯卡娅最后一次去纪念堂看丈夫。她在他身边伫立良久，最后轻轻说了句："瞧瞧我，老成什么样子了，可是他还是老样子啊……"

● 俄国革命期间,卫兵守卫在列宁和托洛茨基在彼得格勒的内阁办公室门口。
原创作品:俄罗斯专辑(赫尔顿存档盖蒂图片社)

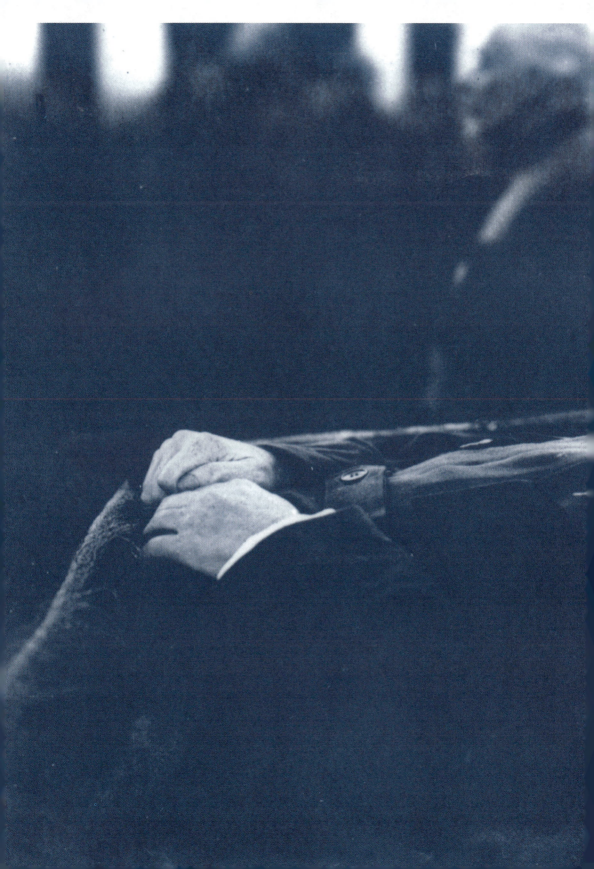

列宁的葬礼,1924年

● 1924年，在莫斯科工会大厦圆柱厅，士兵们站在列宁的灵柩前

● 1928年，莫斯科红场克里姆林宫红墙下，列宁陵墓外排队的人群

● 苏俄共产党领导人约瑟夫·斯大林（1879—1953）和他的同事费利克斯·戈恩、瓦莱里安·古比雪夫、格里戈里·奥尔忠尼启则及米哈伊尔·加里宁，注视着在莫斯科红场上列宁墓旁的人群

● 1924年5月1日，劳动节时，年轻人通过列宁墓
（赫尔顿存档盖蒂图片社）

● 1954年10月15日,一位身穿学校制服的俄国男孩站在莫斯科红场,左侧是克里姆林宫宫墙和列宁的陵墓

● 1963年4月17日,莫斯科红场上排队参观列宁墓的行列

● 1963年4月17日,莫斯科红场上像巨蟒一样参观列宁墓的队伍

● 位于莫斯科红场的列宁陵墓侧面图

● 弗拉基米尔·列宁现在休息的地方 —— 坐落在莫斯科红场的列宁陵墓的正面图

● 1947年，苏联共产党领导人斯大林在莫斯科体育场与其他共产主义活动家在一起。

1994年,被拆除的列宁像在多瑙河上。列宁的雕像仰头望天,伸着手,似乎在质问这个他呕心沥血建立的政权的命运。1991年12月25日,戈尔巴乔夫发表电视讲话,宣布辞去实际上早已不存在的国家总统职务,叶利钦作为胜利者在动荡局势中登上历史舞台。苏联的消失就如它的出现一样,同样出人意料和受人非议,也同样让人难以忘怀。在它存在的四分之三个世纪里,既被极度憎恨又受到极为热情的赞扬。

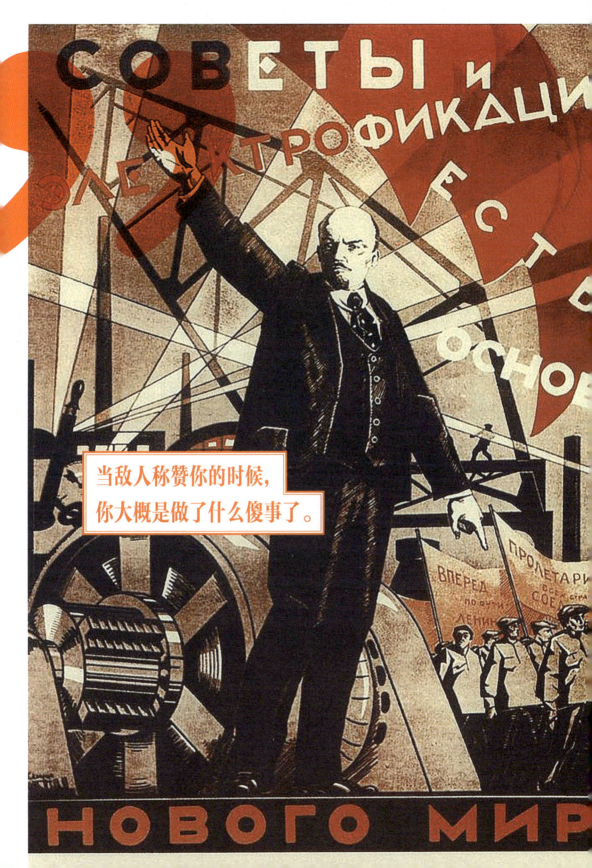